*Леониду Валенциновичу Средину*
*на память отъ преданнаго*
*А. Чеховъ*

*22 дек*
*19/I*
*900*

# ВЪ ОВРАГѢ.

### I.

Село Уклеево лежало въ оврагѣ, такъ что съ шоссе и со станціи желѣзной дороги видны были только колокольня и трубы ситценабивныхъ фабрикъ. Когда прохожіе спрашивали, какое это село, то имъ говорили:

— Это то самое, гдѣ дьячокъ на похоронахъ всю икру съѣлъ.

Какъ-то на поминкахъ у фабриканта Костюкова старикъ-дьячокъ увидѣлъ среди закусокъ зернистую икру и сталъ ѣсть ее съ жадностью; его толкали, дергали за рукавъ, но онъ словно окочѣнѣлъ отъ наслажденія: ничего не чувствовалъ и только ѣлъ. Съѣлъ всю икру, а въ банкѣ было фунта четыре. И прошло ужъ много времени съ тѣхъ поръ, дьячокъ давно умеръ, а про икру все помнили. Жизнь ли была такъ бѣдна здѣсь, или люди не умѣли подмѣтить ничего, кромѣ этого неважнаго событія, происшедшаго десять лѣтъ назадъ, а только про село Уклеево ничего другого не разсказывали.

Въ немъ не переводилась лихорадка и была топкая грязь даже лѣтомъ, особенно подъ заборами, надъ которыми сгибались старыя вербы, дававшія широкую тѣнь. Здѣсь всегда пахло фабричными отбросами и уксусной кислотой, которую употребляли при выдѣлкѣ ситцевъ. Фабрики, — три ситцевыхъ и одна кожевенная, — находились не въ самомъ селѣ, а на краю и поодаль. Это были небольшія фабрики, и на всѣхъ ихъ было занято около четырехсотъ рабочихъ, не больше. Отъ кожевенной фабрики вода въ рѣчкѣ часто становилась вонючей; отбросы заражали лугъ, крестьянскій скотъ страдалъ отъ сибирской язвы, и фабрику приказано было закрыть. Она считалась закрытой, но работала тайно съ вѣдома станового пристава и уѣзднаго врача, которымъ владѣлецъ платилъ по десяти рублей въ мѣсяцъ. Во всемъ селѣ было только

Читаем повесть «В овраге» А.П.Чехова

# チェーホフの『谷間』を読む

― 『名作に学ぶロシア語』読本シリーズ ―

望月恒子

ナウカ出版

表紙　：　А.П. Чехов. 1904. Ялта. Фото С. Линдена
見返し　：　А.П. Чехов. «В овраге», «Жизнь», 1900, январь.
　　　　　С дарственной надписью Л.В. Средину
扉　：　Дом А.П. Чехова в Ялте. Фото начала 1900-х гг.

# 目次

はじめに　チェーホフと『谷間』について・・・・・・・・・・・・・・・4

第 1 課　谷間の村ウクレーエヴォ(舞台の設定)・・・・・・・・・・・6

第 2 課　ツィブーキン家の人々(主要人物の登場)・・・・・・・・10

第 3 課　自慢の息子アニーシム(時ならぬ帰省)・・・・・・・・・14

第 4 課　アニーシムの嫁取り(リーパの登場)・・・・・・・・・・18

第 5 課　結婚式の準備(アニーシムと輝く銀貨)・・・・・・・・・22

第 6 課　結婚披露宴(客たちと陰の人物サモロードフ)・・・・・26

第 7 課　踊るアクシーニヤ(マムシのような女)・・・・・・・・・30

第 8 課　アニーシムとワルワーラ(神についての会話)・・・・・34

第 9 課　リーパの変身(ひばりのような女)・・・・・・・・・・・38

第 10 課　工場主と大工、どちらが偉いか(エリザーロフの哲学)・・・42

第 11 課　アニーシムの投獄(ツィブーキン家の変化)・・・・・・46

第 12 課　リーパと赤ん坊(3 人の女たちのその後)・・・・・・・・50

第 13 課　グリゴーリーの不調(悲劇のアネクドート化)・・・・・54

第 14 課　グリゴーリーの遺言状(狂乱するアクシーニヤ)・・・・58

第 15 課　響き渡る悲鳴(事件のクライマックス)・・・・・・・・・62

第 16 課　死児を抱くリーパ(生き物たちの歓喜の歌の中で)・・・66

第 17 課　リーパの問いかけ(罪のない子供の受苦)・・・・・・・70

第 18 課　老人の流浪譚(母なるロシアはでっかい!)・・・・・・74

第 19 課　3 年後のツィブーキン家(アクシーニヤの権力掌握)・・78

第 20 課　リーパとグリゴーリーの邂逅(物語最後のシーン)・・・82

おわりに　チェーホフをめぐる旅・・・・・・・・・・・・・・・・・86

コ ラ ム　チェーホフの手紙・・・・・・・・・・・・・・・17

　　　　　指小形の氾濫 ―『可愛い女』・・・・・・・・53

　　　　　初期のユーモア短編 ・・・・・・・・・・・・57

　　　　　チェーホフの遺言状・・・・・・・・・・・・61

主な参考文献と翻訳 ・・・・・・・・・・・・・・・・・・・・・88

著者紹介 / 朗読者紹介・・・・・・・・・・・・・・・・・・・・89

＊付属の CD について＊

付属の CD には、本書「チェーホフの『谷間』を読む」のテクストの朗読が収められています。CD には 1～20 までのトラックナンバーがふられており、それは各課のナンバーと一致しています。

# はじめに

　本書は、アントン・チェーホフ（1860-1904）の小説『谷間』（1900）から 20 の
シーンを選び、語句やテクストの解説と日本語訳を付した学習書です。チェーホフ
はロシア文学を代表する作家のひとりですが、原典に接すると、文は短めで語彙も
それほど難しくなく、100 年以上も前の作品なのに読みやすいことに気づかれるでし
ょう。「簡潔さは才能の妹だ Крáткость － сестрá талáнта」とは、自分より先に
文筆業に手を染めていた長兄への助言として、若い作家が 1889 年に書いた手紙の一
節です。簡潔さを尊ぶ美学は最後まで貫かれ、その一方で叙述の内容は、年を追う
ごとに深さや抒情性を増していきました。円熟期に書かれた『谷間』は、そんなチ
ェーホフの魅力を存分に味わうことのできる作品です。本書は、ロシア語の基本的
な文法を習得したみなさんに、チェーホフ作品に親しみつつ読解力を身につけてい
ただくことをめざしています。

## チェーホフについて

　チェーホフの生きた時代は、17 世紀初頭から 300 年あまり続いたロマノフ朝の最
後に近い時期に当たります。彼が南ロシアの町タガンローグで生まれてから約 1 年
後に農奴解放令が発せられ、政府はクリミア戦争の敗北で露呈したロシアの後進性
を克服するために、大改革と総称される諸方面の改革に着手しました。チェーホフ
家は農奴の家系でしたが、祖父がお金を貯めて地主から家族全員の自由を買い取っ
たので、一家は解放令の 20 年前に農奴身分を脱していました。

　チェーホフについて考えるとき、平民出身という事実を忘れてはなりません。彼
は大改革後の急激に変化する社会で、祖父と同様に自分の才覚や才能を頼りに、生
きる道を切り拓きました。それは早くも少年時代にはじまっています。アントンが
16 歳のとき、雑貨商を営んでいた父が破産して、家族は夜逃げ同然でモスクワへ移
りましたが、中学生だった彼はひとり故郷に留まり、家庭教師をして自活しながら、
卒業までの 3 年間を過ごしました。1879 年にモスクワ大学医学部に入学、その頃に
ユーモア雑誌への投稿をはじめます。当時、農奴解放後に急増した都市住民向けに、
気軽に読める絵入り週刊誌や新聞が盛んに発行されていたのです。チェーホフの作
品はたちまち認められ、低級な雑誌という意外なメディアから登場した新星に、文
壇からも大きな期待が寄せられました。こうして、困窮する家族を助けるために始
めた学生時代のアルバイトが、一生の仕事になりました。

　安い原稿料で大量の作品を書きながら医学の勉強も続けたチェーホフは、無理が
たたったのか、大学卒業の年に最初の喀血を経験しました。医者なのに長く自分の
病気を認めない態度を取っていましたが、次第に病勢は進み、結核のために 44 歳で
亡くなりました。短い生涯に約 580 編もの小説と 17 編の戯曲を残しました。小説の
うち 500 編以上が、1887 年頃までにペンネームを用いて週刊誌などに発表された小
品です。それ以後に本名で発表された 60 編ほどの小説も短編が主で、長編はありま
せんでした。近代ロシア文学は長編小説が多いことが特徴で、特にチェーホフが登
場する前の 25 年ほどは、長編小説の黄金時代でした。奇しくもアレクサンドル 2 世
の治世（1855-81）と一致する期間に、『罪と罰』から『カラマーゾフの兄弟』までの
ドストエフスキーの五大長編、トルストイの『戦争と平和』と『アンナ・カレーニ
ナ』をはじめ、トゥルゲーネフやゴンチャロフの長大な小説が発表されました。作

4

家チェーホフが登場したのは、そんな圧倒的な時代を築いた巨匠たちが去り、文学界にぽっかりと空白が生じた時期でした。知識人向けの権威ある総合雑誌ではなく、庶民向けの週刊誌から型破りのデビューをしたチェーホフは、長編小説を書かず、短編と戯曲のジャンルで後世に残る仕事をしたという点でも、ロシア文学史でユニークな存在です。

　少年時代から芝居好きだったチェーホフは、早くも中学時代に非常に長い戯曲『父なし子』（『プラトーノフ』という訳題もある）を書きました。彼の戯曲は、初期に書かれた『熊』『披露宴』などの一幕喜劇と、『かもめ』『ワーニャ伯父さん』『三人姉妹』『桜の園』などの四幕劇に大きく分けられます。1898 年に新設のモスクワ芸術座が『かもめ』を上演して、大成功を収めます。1901 年には芸術座の女優オリガ・クニッペルと結婚。劇団との関係はさらに深まり、ヤルタに転地した晩年は、戯曲の執筆に力を注ぎました。芸術座によるチェーホフ劇の上演は、いずれも評判を呼び、20 世紀初頭のロシアの文化的高揚を象徴する事件となりました。

　『かもめ』にはじまる四大戯曲には、中心的な単一の主人公がいないことや、登場人物たちのセリフがかみ合わず対話がちぐはぐなことなど、共通する特徴が見られます。20 世紀の不条理劇の先駆とも言えるこれらの特徴が人々を惹きつけるからか、チェーホフ劇は今日でも世界中で演じられています。

## 『谷間』について

　この作品は 1900 年に雑誌「生活」に発表されました。「生活」は、1897 年からペテルブルグで発行されたマルクス主義系の雑誌です。ゴーリキーがチェーホフを熱心に勧誘して、掲載が実現しました。

　『百姓たち』（1897）、『新しい別荘』（1899）、そして『谷間』の 3 作品で、チェーホフは村を舞台として、村の住人たちを描きました。彼は地方都市で商人の息子として生まれ、大学進学と同時にモスクワに移り住んだので、1892 年にメリホヴォ村に住み着いたときに初めて、農民たちの生活を直接知るようになりました。村人たちを治療したり、農民の子供たちのために学校を建てたりして、種々の社会活動を行ったことが、村の生活や村人たちへの理解を深めました。7 年ほど続いたメリホヴォ生活の経験が、村を舞台とする 3 作品に生かされています。

　チェーホフは『谷間』の執筆中に編集者にあてた手紙に、次のように書いています。「印刷紙 3 枚程度の作品なのに（注：印刷紙 1 枚は 16 ページ）、登場人物がむやみに多く、混雑して、非常に窮屈。この混雑ぶりをどぎつく感じさせないために、色々と工夫が必要です。」

　村の現実を描くためには多くの人物が必要であり、彼ら全部を 50 ページ弱の作品にうまく収めるために、最後の段階まで工夫がなされたことがわかります。くっきりと個性の際立つ人物たちと、彼らの数年間の運命を鮮やかに描き出した作品構成——本書のテクスト解説でも、主にそれらに注目していきたいと思います。


　本書で取り上げた 20 のシーンを合わせると、作品全体の 3 分の 1 近くになります。チェーホフの小説としては長い部類に属しますが、全編を読むことは決して難しいことではありません。一つの作品を原典で読み通すことは大きな自信になりますから、本書を足がかりにして、ぜひ全編の講読に挑戦なさってください。

## 第1課　谷間の村ウクレーエヴォ（舞台の設定）

　Село́ Укле́ево лежа́ло в овра́ге, так что с шоссе́ и со ста́нции желе́зной доро́ги видны́ бы́ли то́лько колоко́льня и тру́бы ситценабивны́х фа́брик. Когда́ прохо́жие спра́шивали, како́е э́то село́, то им говори́ли:

　— Э́то то са́мое, где дьячо́к на похорона́х всю икру́ съел.

　Как-то на поми́нках у фабрика́нта Костюко́ва стари́к-дьячо́к уви́дел среди́ заку́сок зерни́стую икру́ и стал есть её с жа́дностью; его́ толка́ли, дёргали за рука́в, но он сло́вно окочене́л от наслажде́ния: ничего́ не чу́вствовал и то́лько ел. Съел всю икру́, а в ба́нке бы́ло фу́нта четы́ре. И прошло́ уж мно́го вре́мени с тех пор, дьячо́к давно́ у́мер, а про икру́ всё по́мнили. Жизнь ли была́ так бедна́ здесь, и́ли лю́ди не уме́ли подме́тить ничего́, кро́ме э́того нева́жного собы́тия, происше́дшего де́сять лет наза́д, а то́лько про село́ Укле́ево ничего́ друго́го не расска́зывали.

　В нём не переводи́лась лихора́дка и была́ то́пкая грязь да́же ле́том, осо́бенно под забо́рами, над кото́рыми сгиба́лись ста́рые ве́рбы, дава́вшие широ́кую тень. Здесь всегда́ па́хло фабри́чными отбро́сами и у́ксусной кислото́й, кото́рую употребля́ли при вы́делке си́тцев.

語句

лежа́ть[不完]位置している、ある　овра́г 窪地、谷間　так что だから　шоссе́[中] (不変化)（砕石や砂利で舗装された）街道　желе́зная доро́га 鉄道　ви́дный（видны́ : 短語尾複数）見える　колоко́льня 鐘楼　труба́（тру́бы : 複数主格）煙突　ситценабивно́й 綿布に模様を捺染する　фа́брика（фа́брик:複数生格）工場　то[接]（主文の先頭に置き、先行する従属文との条件・理由・時などの関係を強調する）それならば、そのとき　прохо́жий[男]（прохо́жие : 複数主格）通りがかりの人　то са́мое, где... まさにあの場所（関係副詞 где 以下で説明される場所を強調する）　похоро́ны[複]（похорона́х:前置格）葬式　весь[定代]（всю : 女性対格）すべての　съесть[完]（過去 : съел, съе́ла ...）食べる　как-то いつか　поми́нки[複]（поми́нках:前置格）（葬式の後の）追善のもてなし　фабрика́нт 工場主　среди́[前]（生格を伴い）〜の間に、〜の中に　заку́ска（заку́сок : 複数生格）前菜、酒のつまみ　зерни́стый 大粒の、粒状の　стать[完]（動詞不定形を伴い）〜しはじめる　жа́дность[女]貪欲さ　с жа́дностью がつがつと　толка́ть[不完]突く、押す　дёргать [不完]引っ張る　за [前]（対格を伴い、つかむ・触る対象を表す）〜を

6

日本語訳

　ウクレーエヴォ村は谷間にあったので、街道と鉄道の駅からは、教会の鐘楼と更紗工場の煙突しか見えなかった。通りがかりの人が、あれはどんな村かと尋ねると、こんな答えが返ってくるのだった。

「あれがほら、葬式のときに寺男がキャビアを全部食っちまったっていう村さ」

　あるとき工場主コスチュコーフの家の追善供養の席で、寺男の爺さんが前菜の中に大粒のキャビアがあるのを見つけて、むしゃむしゃ食いだした。まわりの者が突っついたり袖を引っ張ったりしたが、爺さんは満足のあまり体が硬直したのか、何も感じずにひたすら食っていた。全部たいらげてしまったが、壺には約４フント（1.6キロ）も入っていたのだ。あれからもうずいぶん時が経って、寺男はだいぶ前に死んだのに、キャビアのことはまだ忘れられていなかった。それほど生活が貧しかったからか、それともここらの人は、10年前のこんなつまらない事件以外に何も気づけなかったからか、ウクレーエヴォ村と言えば、他の話は出ないのだった。

　村では熱病が後を絶たず、夏でもひどくぬかるみ、特に柳の老木が大きな影を落としている柵の下あたりはひどかった。ここではいつも工場の廃物や更紗染めに使う酢酸の匂いがしていた。


語句（つづき）

рука́в 袖　дёргать за рука́в 袖を引っ張る　сло́вно［接］まるで〜のように　окочене́ть［完］（緊張などにより）すくむ、動けなくなる　наслажде́ние 喜び、満足　фунт フント（ロシアの古い重量単位。1フントは409.5グラム）；фу́нта четы́ре 約4フント（個数詞より前に名詞生格が置かれると概数を表す）　пройти́［完］（過去：прошёл, прошла́ …）（時が）過ぎる、経過する　вре́мя（вре́мени：生格）時　с тех пор それ以来　умере́ть［完］（過去：у́мер, умерла́ …）死ぬ　всё［副］あいかわらず、いまだに　ли［助］〜か（どうか）　бе́дный（бедна́：短語尾女性）貧しい　подме́тить［完］気づく　кро́ме［前］（生格を伴い）〜以外は　нева́жный 取るに足りない、重要でない　произойти́［完］（произоше́дшего：能動形動詞過去・中性生格）起こる　де́сять лет наза́д 10年前　переводи́ться［不完］消える、なくなる　лихора́дка 熱病　то́пкий ぬかるんだ　грязь［女］泥　сгиба́ться［不完］曲がる、傾く　ве́рба 柳　па́хнуть［不完］（па́хло：過去中性、無人称文、p.25 文法メモ②参照）（造格を伴い）〜の匂いがする　отбро́сы［複］ごみ、廃物　у́ксусная кислота́ 酢酸　употребля́ть［不完］使う、用いる　вы́делка 製造、加工　си́тец（си́тцев：複数生格）更紗（模様を染めだした木綿地）

## テクスト解説

### ① 物語の場所—ウクレーエヴォ村という空間

　冒頭の сел́о は、比較的大きな村を指します。革命前なら必ず教会があって、その教会の教区を構成するいくつかの小さな村 дер́евня の行政や経済の中心となっている集落です。овр́аг は河川の雪解け水などに浸食されてできた窪地を指し、切り立った崖に挟まれた峡谷とは違いますが、これまでの数種の日本語訳に従って、本書でも「谷間」と訳すことにします。

　ウクレーエヴォ村は谷間に位置しているため、街道や駅からは鐘楼と煙突しか見えないという最初の一文は、物語全体に関わる情報を多く含んでいます。まず、村のすぐ近くを舗装された街道が通っていて、鉄道の駅も近く、人の移動や物資の輸送に便利な場所であることがわかります。窪地から突き出て見える教会の鐘楼が、キリスト教と深く結びついていたロシアの村の伝統的なあり方を示すのに対して、複数の更紗工場の煙突は、工業化や資本主義が村にまで浸透してきていることを示しています。チェーホフは自分が生きている時代のことを書く作家であり、この作品も例外ではありませんでした。教会と工場は、どちらも単なる風景ではなく、作品の最後までその存在を強く意識させます。

　行政、司法、軍事など多岐な分野で行われた 1860 年代の大改革によって、ロシアは近代的な産業国家へと大きく変化しはじめました。60 年代以降は飛躍的に工業化が進展して、鉄道建設や重工業だけでなく、繊維工業も急速に成長しました。特に綿工業は、19 世紀後半に中央アジアを征服して綿花生産地を手に入れ、同時にその地域を綿布の市場にしたことが刺激になり、急激な伸びを見せました。ロシアでは古くから亜麻を栽培して、女たちが亜麻から糸を紡いで布を織り、家族の衣服を縫っていましたが、19 世紀後半に、工場製の安価な綿布が自家製の亜麻布に取って代わる現象が起きました。農民が都市に出て働くようになり、長く続いてきた農村の伝統的な生活形態に、衣服まで含めて根本的な変化が生じたのです。盛んになった綿工業の企業家の中から、モスクワのモローゾフ家のような大資本家も生まれました。工業化、資本主義化の動きは地方にも波及していったので、複数の工場を有するウクレーエヴォ村は、急速に資本主義化した 19 世紀末の農村の現実を映し出しています。なお、綿布の捺染作業を行う «ситценабивн́ая ф́абрика» は、木綿地に多色模様を施した更紗 с́итец を生産するので、「更紗工場」と訳すことにします。

　低地にあるウクレーエヴォ村へ行くには坂道を下りる必要があり、人物たちが村を出入りする際には、上る、下りるという語が用いられます。水平面に加えて垂直の方向性も持つ空間が、この作品の舞台です。数キロの広がりがあるとはいえ、平原と比べると閉塞感があり、外界との間に見上げる、見下ろすという関係のある場所です。登場人物の出入りの際に繰り返される上下の表現とその効果に注意して読んでいきましょう。

### ② 寺男、キャビアをたいらげる

　第 2 節では、10 年も前に村で起きた珍事件が語られます。追善供養 пом́инки というのは、誰かの葬儀の後や死後 9 日目、40 日目に、親戚や知人を呼んで食事をふるまう風習です。ある工場主の家で追善供養があったとき、寺男がテーブルにあったキャビアを全部食べてしまったというのです。寺男 дьяч́ок は教会の儀礼で司祭を手伝う役で、聖職者の位階は持たず、教会では一番低い階層の職です。作家のイワン・ブーニンは、自

分がこのエピソードをチェーホフに伝えたと回想しています。ブーニンの父親の名の日の祝いの席で、村の輔祭 дья́кон が 2 フントのキャビアをたいらげたと語ったとき、チェーホフは喜んだそうです。この話が作品に取り入れられたわけですが、キャビアの量は 2 倍になり、輔祭が寺男に、名の日の祝いが追善供養にと、ディテールは微妙に変わっています。では、このエピソードはどんな印象をもたらすでしょうか。『谷間』を論じたナボコフは、ウクレーエヴォ村の生活は単調なうえに邪悪なのに、この話だけは人間的でほほえましいと述べています。一方で、清貧とはかけ離れた教会関係者の貪欲さが民衆の記憶に刻み込まれたのだと、まったく違う解釈をしている研究者もいます。ブーニンによれば、元の話を聞いたチェーホフは「ことのほか喜んだ」といいますから、ただ単純におかしかったのかも知れません。解釈は読み手に任されていますが、注目すべきは、この作品では食べ物や飲み物の具体的な話が多く、これがその最初の例だということです。庶民にとって贅沢品であるキャビアが、作品の冒頭に置かれていることを覚えておいてください。

　なお、икра́は魚類や両生類の卵のことで、食用の икра́ といえばサケ・マスの卵（日本語のイクラ）とチョウザメの卵（キャビア）の 2 種類があります。二つを区別するときは前者を кра́сная икра́、後者を чёрная икра́といいます。ロシアでは чёрная икра́ は 10 世紀ごろから食されていたのに対して、кра́сная икра́ の塩漬けは 19 世紀末に極東から広まったという事情を考慮すると、寺男がたいらげたのはキャビアだと考えられます。

③　公害の発生と癒着の構造
　ウクレーエヴォ村では熱病が蔓延し、地面はぬかるみ、工場の廃棄物や薬品の悪臭がたちこめ、時には川も異臭を放ちます。村の環境は劣悪で、健康被害も出ているのです。村はずれに 3 つの更紗工場と 1 つの皮革工場があることが、本課のテクストに続く部分で伝えられます。大気や川の汚染の原因はそれらの工場にあるのは明らかなのですが、状況が改善される見込みはありません。皮革工場の廃棄物が草地を汚染して、草食の家畜に炭疽熱を引き起こしたために、工場は閉鎖を命じられました。しかし、工場主は郡警察署長と郡医に毎月 10 ルーブルの賄賂を贈って、操業を続けています。公害の発生源である企業から権力の末端への贈賄という、あまりにわかりやすい癒着の構図が成立しているのです。

---

## 文法メモ：不定人称文

　主語を省き、述語動詞を複数形（現在時制では 3 人称複数形）にする構文を不定人称文と言います。主語を省くことで、話者の関心が、「誰がその動作をするか」ではなくて、その動作が行われるという事実や結果にあることが示されます。寺男が夢中でキャビアを食べているとき、«его́ толка́ли, дёргали за рука́в» とあるのが、この構文の例です。誰が寺男を突っついたり袖を引っ張ったりしたのかということは重要ではなく、寺男がそんな行為をされたこと（さらに言えば、それでも食べ続けたこと）が重要なのです。この作品では不定人称文が多用されています。この課にも他に、«им говори́ли»、«то́лько про село́ Укле́ево ничего́ друго́го не расска́зывали»、«у́ксусной кислото́й, кото́рую употребля́ли при вы́делке си́тцев» の例があります。

## 第2課 ツィブーキン家の人々(主要人物の登場)

Во всём селе́ бы́ло то́лько два поря́дочных до́ма, ка́менных, кры́тых желе́зом; в одно́м помеща́лось волостно́е правле́ние, друго́м, двухэта́жном, как раз про́тив це́ркви, жил Цыбу́кин, Григо́рий Петро́в, епифа́нский мещани́н.

Григо́рий держа́л бакале́йную ла́вочку, но э́то то́лько для ви́да, на са́мом же де́ле торгова́л во́дкой, csко́том, ко́жами, хле́бом в зерне́, свинья́ми, торгова́л чем придётся, и когда́, наприме́р, за грани́цу тре́бовались для да́мских шляп соро́ки, то он нажива́л на ка́ждой па́ре по три́дцати копе́ек; он скупа́л лес на сруб, дава́л де́ньги в рост, вообще́ был стари́к оборо́тливый.

У него́ бы́ло два сы́на. Ста́рший, Ани́сим, служи́л в поли́ции, в сыскно́м отделе́нии, и ре́дко быва́л до́ма. Мла́дший, Степа́н, пошёл по торго́вой ча́сти и помога́л отцу́, но настоя́щей по́мощи от него́ не жда́ли, так как он был слаб здоро́вьем и глух; его́ жена́ Акси́нья, краси́вая, стро́йная же́нщина, ходи́вшая в пра́здники в шля́пке и с зо́нтиком, ра́но встава́ла, по́здно ложи́лась и весь день бе́гала, подобра́в свои́ ю́бки и гремя́ ключа́ми, то в амба́р, то в по́греб, то в ла́вку, и стари́к Цыбу́кин гляде́л на неё ве́село, глаза́ у него́ загора́лись, и в э́то вре́мя он жале́л, что на ней жена́т не ста́рший сын, а мла́дший, глухо́й, кото́рый, очеви́дно, ма́ло смы́слил в же́нской красоте́.

---

語句

поря́дочный ちゃんとした、まともな　крыть[不完](кры́тых: 被形動詞過去・複数生格)覆う、屋根をかける　помеща́ться[不完](施設や機関などが)ある、置かれている　волостно́е правле́ние 郷役場(во́лость[女]郷:郡 уе́зд より小さく、村 село́ より大きな行政単位)　двухэта́жный дом 2 階家　це́рковь[女](це́ркви:生格)教会　держа́ть[不完]経営する(держа́ть をこの意味で使うのは革命前の古い用法)　бакале́йная ла́вочка 食料品店　для ви́да 体裁のため、表向きは　на са́мом же де́ле 実際には　торгова́ть[不完](造格を伴い)～を商う、売買する　хлеб в зерне́ 脱穀しただけで、粉や碾き割りにしていない穀物　свинья́(сви́ньями:複数造格)豚　что придётся 何でも適当に、手当たり次第に　за грани́цу 外国へ　тре́боваться[不完]求められる、必要とされる　соро́ка[女]ソローカ、昔のロシアの婦人用の頭飾り(ки́чка と呼ばれる帽子に結び付けて、装飾や雨除けとして用いた。2 本の紐がついているので、па́ра を単位にして数えた。西洋では高価な帽子の雨除けとして需要があった)　нажива́ть[不完]儲ける

10

日本語訳

　村じゅうで、石造で屋根は鉄板葺きのちゃんとした家は 2 軒しかなかった。1 軒は郷役場で、もう 1 軒の、教会の真向かいにある 2 階建ての家には、エピファニ生まれの町人ツィブーキン、グリゴーリー・ペトロフが住んでいた。

　グリゴーリーは食料品店を営んでいたが、それは表向きだけのことで、実際はウォトカや家畜、皮革、穀物、豚と、何でも手当たり次第に商っていた。そして例えば、外国向けに婦人帽子に結びつけるソローカを注文されたときは、1 個につき 30 コペイカ儲けた。伐採用に森を買い占めたり、高利貸しをしたり、総じて抜け目のない老人だった。

　彼には息子が二人いた。長男のアニーシムは警察の捜査課に勤めていて、家にはたまにしか帰ってこなかった。次男のステパーンは商売の道に進んで、父親を手伝っていたが、体が弱くて耳が遠かったので、本当の手助けは期待されていなかった。彼の女房のアクシーニヤは、美人でスタイルがよく、祭日には帽子をかぶってパラソルを持つような女だったが、朝早く起きて夜は遅く寝て、スカートをたくし上げて、がちゃがちゃと鍵束の音をさせながら、倉庫へ、酒蔵へ、店へと一日中走り回っていた。ツィブーキン老人は彼女をうれしそうに眺めては、目を輝かせ、彼女の結婚相手が長男ではなくて、明らかに女の美しさなどわかっていない、耳の悪い次男であることを残念がるのだった。


語句（つづき）
копе́йка（копе́ек:複数生格）1 コペイカ（1 ルーブリの 100 分の 1）：по тридцати́ копе́ек 30 コペイカずつ　скупа́ть[不完]買い付ける、買い占める　на сруб 伐採用に　в рост 高利で　оборо́тливый 抜け目のない　сыскно́е отделе́ние 捜査課、特捜課（革命前の警察内の組織）пойти́ по торго́вой ча́сти 商売の道に進む　так как 〜なので　сла́бый（слаб:短語尾男性）（造格を伴い）〜が弱い　глухо́й（глух:短語尾男性）耳が聴こえない、難聴の ходи́ть[不完]（ходи́вшая:能動形動詞過去・女性主格）（в+前置格を伴い）〜を着ている、身に着けている　весь день 一日中　подобра́ть[完]（подобра́в:副動詞）（垂れているものを）持ち上げる、からげる　греме́ть[不完]（гремя́:副動詞）（造格を伴い）〜の音を立てる、〜をがちゃがちゃと鳴らす　то ..., то ... あるいは〜あるいは〜　амба́р 倉庫、納屋　по́греб 地下の貯蔵室、穴蔵、酒蔵　загора́ться[不完]輝きだす　жале́ть[不完]惜しむ、残念がる　жена́тый[形]（жена́т:短語尾男性）（на+前置格を伴い）（男性が）〜と結婚している　смы́слить[不完]（в+前置格を伴い）〜のことを理解する

11

テクスト解説

① ツィブーキン家の家長、グリゴーリー・ペトロフ

　ウクレーエヴォ村には、石造のちゃんとした家は2軒しかなく、そのうちの1軒にエピファニ出身の町人ツィブーキンが住んでいます。町人 мещанин は小売商人や手工業者が属する階級で、商人 купец と比べると下層の階級です（p. 44、第10課テクスト解説②参照）。エピファニは中部ロシアのトゥーラ近くにある町です。この作品の舞台ウクレーエヴォとその周辺の村々は架空の地名ですが、ツィブーキン家の当主の出身地と、魅力的な脇役エリザーロフの出身地（エゴーリエフスク郡）には現実の地名が用いられています。それらから判断すると、舞台はモスクワより南方の中部ロシアにある町と想定できます。グリゴーリーは物語が始まる時点では56歳ですが、上等の身なりをして威勢がよく、年齢を感じさせない姿で登場します。彼は村人たちにグリゴーリー・ペトロフと呼ばれています。ピョートルの父称は正式にはペトローヴィチで、ペトロフはその前半分だけの「半父称」と呼べる形です。歴史的に見ると、古い時代には、完全な父称を使うことを許された階層は限定されていて、それより下の階層は半父称を使っていたという経緯があります。『谷間』の時代の村では、名前（ファーストネーム）に完全な父称をつけた呼びかけは敬意を込めた尊称であるのに対して、半父称はごく普通の呼びかけでした。ロシアでは伝統的に人への呼びかけの作法が複雑です。また、ファーストネームも親愛の度合いによって様々に変化します。翻訳では伝わりにくいそれらのことに注意すると、原文で読む楽しさが増すことでしょう。

② ツィブーキン家の家業

　ツィブーキンが営んでいる食料品店 бакалейная лавочка とは、茶やコーヒー、穀物の粉や碾き割り、乾物、香辛料などを扱う店です。チェーホフの父もタガンローグで同じような店を開き、「茶、コーヒー、その他の植民地物産」という看板をかけていました。嗜好品や香辛料などの輸入品も含めて、日常的な食料品を売る店が、地方の町や村にもできていたのです。しかし、作品中のツィブーキンの店は食料品店を名乗っているものの、実際には儲けになるものなら何でも扱っています。その筆頭にウォトカが挙げられていますが、当時ウォトカは政府の専売品で、勝手な売買は禁じられていました。ロシアでは酒類、特にウォトカ販売は国家にとって大きな収入源でした。1892—1903年に大蔵大臣を務めたウィッテは、シベリア鉄道建設や重工業育成のために歳入を増やす手段の一つとして、1894年から段階的にウォトカ専売制を導入しました。それは大きな政策転換であり（1863年から酒類販売は自由化されて、酒税は間接税として徴収されていました）、またウォトカの製造自体は民間で行われていたので、密売が横行しました。グリゴーリーは違法に酒を売り、酒代を払えない農民から農具や帽子、女房のスカーフまでまきあげるというのですから、手段を選ばない、儲け第一主義の商売をしていたのです。

　農奴解放後から19世紀末までに、ロシアの村では階層分化が生じ、全体の半分ほどが極貧になった一方で、少数の裕福な農民も出現して、クラーク（кулак：もともとは拳、拳固の意味）と呼ばれるようになりました。彼らは金貸し、買占め、取引など労働以外の方法で利益を得て、村を「手中に（クラークの中に）収め держать в кулаке」ました。グリゴーリーは身分は町人で、農民階級ではありませんが、貧しい村人たちを食い物にして富を蓄えるやり方は，典型的なクラークのものです。

③ 二人の息子と次男の嫁

　グリゴーリーには二人の息子がいて、長男は町で警察に勤め、次男が父を手伝っていますが、実際にしっかり商売をしているのは、次男の妻アクシーニヤです。耳が悪くて体も弱いステパーンは、本格的な手伝いは期待されていないと書かれているだけで、容姿についても性格についても説明はありません。それと比べると、彼の妻ははるかに詳しく描写されていて、作品の冒頭で早くもこの人物の重要性が感じられます。器量よしで働き者の彼女は、家政の象徴である鍵の管理をまかされて、一日じゅう元気に働いています。嫁に来たとたんにまれに見る商才を発揮して、商売の機微を飲み込んでいるアクシーニヤは、長男のアニーシムとともに、グリゴーリーの大のお気に入りです。よく働くだけではなく、祭日にはしゃれた帽子をかぶって、傘を手にして、もちろん素敵な服を着て、村人たちの目を楽しませるような一面もあります。おしゃれをする機会も、自分の能力を発揮する機会も逃さない女性なのです。店で客たちに対応して違法な品や粗悪品を売りつけたり、掛売りを断ったりする度胸も持ち合わせています。

　村人たちを騙したり怒らせたりしながら、ツィブーキン家は活発に商売をして、「1日に6回くらいもお茶を飲み、4回も食卓について食事をする。夜には売り上げを計算して、帳簿をつけ、それからぐっすり寝る」という暮らしぶりです。ここでも飲食のことが触れられています。店であくどい商売をしているために「積み重なった罪業が、霧のようにあたりに立ち込めているような気がする」と書かれており、ツィブーキン家の裕福さと商売のあくどさは結びついたものとして提示されます。

チェーホフの父の店(タガンローグ)
1869－1874年、1階で食料雑貨店を営み、2階に一家が暮らしていた。

---

### 文法メモ：衣服などの着用を表す表現

　人が衣服やメガネ、帽子などを身につけている状態を表すには、いくつかの言い方があります。本課のテキストでは、人を主語にした、ходи́ть в +前置格(着用しているモノ)という表現が使われています。この場合のходи́ть は歩く動作とは関係なく、着用している状態を表します。
　его́ жена́ Акси́нья, краси́вая, стро́йная же́нщина, ходи́вшая в пра́здники в шля́пке
в +前置格(着用しているモノ)には、次のような例もあります。
　Ани́сим прие́хал за три дня до сва́дьбы во всём но́вом.　(p.22、第5課テクスト参照)
身につけたものを主語にして、着用している人をна+前置格で示す表現もあります。
　На нём бы́ли блестя́щие рези́новые кало́ши.　(p.22、第5課テクスト参照)

## 第3課　自慢の息子アニーシム（時ならぬ帰省）

Ста́рший сын Ани́сим приезжа́л домо́й о́чень ре́дко, то́лько в больши́е пра́здники, но зато́ ча́сто присыла́л с земляка́ми гости́нцы и пи́сьма, напи́санные чьи́м-то чужи́м по́черком, о́чень краси́вым, вся́кий раз на листе́ пи́счей бума́ги в ви́де проше́ния. Пи́сьма бы́ли полны́ выраже́ний, каки́х Ани́сим никогда́ не употребля́л в разгово́ре: "Любе́зные папа́ша и мама́ша, посыла́ю вам фунт цвето́чного ча́ю для удовлетворе́ния ва́шей физи́ческой потре́бности".

Внизу́ ка́ждого письма́ бы́ло нацара́пано, то́чно испо́рченным перо́м: "Ани́сим Цыбу́кин", и под э́тим опя́ть тем же превос-хо́дным по́черком: "Аге́нт".

Пи́сьма чита́лись вслух по не́скольку раз, и стари́к, растро́-ганный, кра́сный от волне́ния, говори́л:

— Вот, не захоте́л до́ма жить, пошёл по учёной ча́сти. Что ж, пуска́й! Кто к чему́ приста́влен.

Как-то пере́д ма́сленицей пошёл си́льный дождь с крупо́й; стари́к и Варва́ра подошли́ к окну́, чтобы посмотре́ть, а глядь — Ани́сим е́дет в саня́х со ста́нции. Его́ совсе́м не жда́ли. Он вошёл в ко́мнату беспоко́йный и чем-то встрево́женный и таки́м остава́лся пото́м всё вре́мя; и держа́л себя́ как-то развя́зно. Не спеши́л уезжа́ть, и похо́же бы́ло, как бу́дто его́ уво́лили со слу́жбы.

語句
большо́й пра́здник 大祭日(復活祭や十二大祭などの教会の大祭日)　присыла́ть[不完]
(郵便で、人を介して)届けてよこす　c[前](造格を伴い)～に託して、～に持たせて
земля́к(земляка́ми：複数造格)同郷人、同じ村の者　гости́нец(гости́нцы：複数対格)
みやげ　чей-то[不定代](чьи́м-то：男性造格)誰かの　вся́кий раз いつでも、毎回
пи́счая бума́га 筆記用紙　в ви́де(生格を伴い)～の体裁で　проше́ние 請願書
по́лный(полны́：短語尾複数。生格を伴い)～でいっぱいの　выраже́ние(выраже́ний：
複数生格)表現、言い回し　како́й[関係代名詞](каки́х：複数生格。否定生格。以下の従
属文が выраже́ний を修飾する)～ところの、～ような　любе́зный 愛する、大切な
цвето́чный чай(цвето́чного ча́ю：生格。部分生格)新茶、新芽から作る上質茶
удовлетворе́ние 満足　физи́ческий 肉体の　потре́бность[女](потре́бности：生格)欲求

## 日本語訳

　長男のアニーシムが家に帰ってくるのは非常に珍しく、大祭日のときくらいだったが、その代わりにしょっちゅう、贈り物と手紙を同郷の者にことづけて寄こした。手紙は、誰か他の人の非常にきれいな字で、いつも筆記用紙1枚に請願書の体裁で書かれていた。そしてアニーシムが会話では使ったことのない表現があふれていた。「おなつかしいお父様、お母様。おふたりの身体的欲求を満たすべく、新茶を1フントお送りいたします」

　どの手紙も下の方に、すりへったペン先を使ったような字で「アニーシム・ツィブーキン」と書かれ、その下にはまた、あの見事な筆跡で「代理人」と書いてあった。

　手紙は何度も声に出して読まれ、感激した老人は興奮で頬を赤くして、こう言うのだった。

「いやあ、家にいたがらないで、学問の道に行きよった。なあに、しかたがない！人にはそれぞれに道があるものさ」

　あるとき、マースレニツァが近づいた頃、あられ混じりの激しい雨が降り出した。老人とワルワーラが様子を見ようと窓に近寄ると、なんとアニーシムが橇で駅からやってきた。彼が来るとはまったく予期していなかった。彼は不安そうな、なんだか落ち着きのない様子で部屋に入ってきて、その後もずっとそんなふうで、どこか投げやりな態度だった。帰りを急ごうともせず、どうやら勤めを馘首（くび）になったようだった。


## 語句（つづき）

нацара́пать[完]（нацара́пано：被動形動詞過去・短語尾中性）引っ掻いて線を書く、下手くそに書く　то́чно[接]まるで～のように　испо́рченный だめになった　тот же（тем же：造格）まさにその、同一の　превосхо́дный 立派な　аге́нт 代理人　по не́скольку раз 数回ずつ　растро́ганный 感激した　от волне́ния 興奮して　учёный 学問の　что ж まあ　пуска́й[助]しかたがない、かまわない　приста́вить[完]（приста́влен：被動形動詞過去・短語尾男性）（対格+к+与格を伴い）～を～に（仕事など）つける、従事させる　ма́сленица マースレニツァ（本課テクスト解説③参照）　крупа́ 粒状の雪、あられ　глядь[間投詞]おや、見ると（意外さ、思いがけなさを現す）　са́ни[複]（саня́х：前置格）橇　встрево́женный 心配そうな、取り乱した　держа́ть[不完]себя́ ふるまう　развя́зно 無遠慮に、気ままに　похо́же[無人称述語]～らしい　как бу́дто おそらく～らしい　уво́лить[完]解雇する

15

テクスト解説

① 長男アニーシムからの奇妙な手紙—チェーホフの作品における手紙

　　町で警察勤めをしているツィブーキン家の長男アニーシムは、村人に託して、頻繁に手紙や品物を送って寄こします。その手紙はなんだか奇妙なもので、公文書を書くようなちゃんとした用紙１枚を使って、代筆による立派な字で美辞麗句が連ねられ、お粗末な自筆のサインがついています。

　　チェーホフはいくつかの作品で、手紙を効果的に使っています。現存する最初の作品『学のある隣人への手紙 Письмо́ к учёному сосе́ду』(1880) は、田舎暮らしの地主が、近所に引っ越してきた学者と近づきになりたくて書いた手紙という形を取っています。チェーホフはものを書き始めた当初から、手紙という形式を用いたのです。この作品では、形式的な書簡の堅苦しい文体と無知蒙昧な内容との食い違いが、笑いを誘います。初期の名作『ワーニカ Ва́нька』(1886) は、靴屋で小僧として働く９歳の男の子が、奉公があまりに辛くて、たった一人の身内である祖父に、何でもするから村に帰らせてと手紙で頼む話です。手紙を書き上げたワーニカは、封筒に「村のおじいちゃん、コンスタンチン・マカーロヴィチ様」と書くと、安心して眠りにつきますが、この宛先では、少年の必死の願いは祖父に届くはずがありません。「村のおじいちゃんへ На дере́вню де́душке」という表現は、届け先が曖昧すぎる書類を言うときに、今でも使われます。『谷間』に続いて執筆された『クリスマス週間 На свя́тках』(1900) も、手紙をめぐる話です。結婚して都会に行った娘と４年も会っていないワシリーサが、字を書ける男に手紙を書いてもらいます。娘に伝えたいことが多すぎて母親が考え込んでいる間に、代筆を引き受けた兵隊帰りの男は、自分が暗記している陸軍法令集の引用を得々と記します。まったく意味のない手紙になってしまったのに、それを受け取った娘は、田舎の親が懐かしくて涙にむせびます。チェーホフにとって手紙は、直接の内容以外にも多くのことを表せる、効果的なディテールでした。

　　アニーシムからの手紙もまた、書かれた内容以上に多くのことを伝えています。最後に書かれた「代理人 аге́нт」という語は、何かの理由で誰かに代わって手紙を書いた場合の「代筆」という意味ではなく、民事裁判などで依頼人に代わって請願書を作成して諸手続きを行う、職業的な代理人を意味していました。立派な字で請願書を書くのに慣れた何者かがアニーシムの背後にいることを、手紙は知らせています。

② 人にはそれぞれに道があるものさ　Кто к чему́ приста́влен.

　　疑問詞と疑問詞を重ねて、「それぞれに・思い思いに」の意味を表す用法があります。ктоを例に取ると、 Кто где лежи́т. は「人々がそれぞれ思い思いの場所に寝ころがっている」状態、Кто что лю́бит. は「人はそれぞれ思い思いのものを好む」、つまり人の好みは様々という意味です。したがって Кто к чему́ приста́влен. は、「人はそれぞれに何かの仕事に向いている」、何の仕事に向いているかは人それぞれだという意味になります。ツィブーキン老人の口癖であり、彼の処世訓とも言えるこの言い回しは、作品中で５回繰り返されています。あと４回の使用が集中しているテクストは、第８課で取り上げます。なお、アニーシムの手紙の奇妙さ、滑稽さに気づかず、その手紙に感激して何度も読むところに、グリゴーリーの親ばか振りが表れています。彼は商売では抜け目がなくて人をだますのもためらいませんが、家庭では決して暴君ではなく、ずっと家庭というものが好きで（У старика́ всегда́ была́ скло́нность к семе́йной жи́зни...）、家族の中

でも特に長男アニーシムと次男の嫁アクシーニヤを愛していることが　随所で強調されています。

③　アニーシムの帰省

　普通は大祭日にしか帰省しないアニーシムが突然家に帰って来たのは、マースレニツァ mácленица が近づいた頃でした。ロシア正教では大きな祭日の前には精進（斎戒）пост の時期があり、肉・卵・乳製品などを断って身を清めます。正教で最も重要な祝祭である復活祭 Пácха の前には、40日間も精進を守る大斎期 Вели́кий пост があります。その長期にわたる厳格な精進の前の1週間がマースレニツァです。カトリックの謝肉祭、カーニバルに当たりますが、マースレニツァは冬を送り春を迎える古代スラブの伝統と関係しており、太陽に見立てたブリンというロシア風のパンケーキにバターмácло をたっぷりつけて食べる習慣があります（バター週間・バター祭 mácленица という名称はこれに由来します）。冬の終わり頃に帰ってきたアニーシムは落ち着きがなく、警察を免職になった気配さえありますが、おかしなことに家族の誰もこのことに関心を向けません。コミュニケーションギャップというべき状況があり、そこから物語は進展します。

### コラム：チェーホフの手紙

　チェーホフは作品で手紙をうまく使っただけでなく、自分自身がよく手紙を書く人でした。生涯で約4400通の手紙が残っていますが、大部分が1887年以降のものです。医学部を卒業して作家としての自覚が強くなるにつれて、手紙も熱心に書くようになったのです。作品では簡潔さを原則としたチェーホフは、手紙では言葉を惜しみませんでした。生活上のこと、家族や自分のこと、文学論、それに作品のことが、詳しく、しかも作家の筆で表現豊かに語られるのですから、おもしろくないはずがありません。没後10年ほどで6巻本の書簡集が発行され、チェーホフが作品の外で見せてくれた人間性に、人々は魅了されました。友人や編集者との様々なテーマの議論、サハリン旅行中に旅行記録の意味も

結婚直後のチェーホフとクニッペル
（1901年ウファー県アクショーノヴォ）

あって家族に送り続けた手紙、ヤルタとモスクワに離れて暮らしていた妻（モスクワ芸術座の女優オリガ・クニッペル＝チェーホワ）への400通以上の手紙…。「僕のすてきな奥さん」、「世に並びなき女優」、「僕の喜び」、「僕のかけがえのない半身」、「かわいい子犬」、「ドイツの子馬」―妻への手紙の冒頭の呼びかけは、驚くほど多彩です。書簡集は、作家チェーホフと人間チェーホフを生き生きと伝えてくれます。

## 第4課　アニーシムの嫁取り（リーパの登場）

Потóм в дóме тётки бы́ли устрóены смотри́ны, как слéдует, с заку́ской и винóм, и Ли́па была́ в нóвом рóзовом плáтье, сши́том нарóчно для смотри́н, и пунцóвая лéнточка, тóчно плáмень, свети́лась в её волосáх. Она́ была́ ху́денькая, слáбая, блéдная, с тóнкими, нéжными чертáми, сму́глая от рабóты на вóздухе; гру́стная, рóбкая улы́бка не сходи́ла у неё с лица́, и глаза́ смотрéли по-дéтски — довéрчиво и с любопы́тством.

Она́ была́ молода́, ещё дéвочка, с едва́ замéтной гру́дью, но венчáть бы́ло ужé мóжно, так как года́ вы́шли, В сáмом дéле она́ была́ краси́ва, и однó тóлько моглó в ней не нрáвиться — э́то её больши́е, мужски́е ру́ки, котóрые тепéрь прáздно висéли, как две больши́е клешни́.

— Нет придáного — и мы без внимáния, — говори́л стари́к тётке, — для сы́на нáшего Степáна мы взяли́ тóже из бéдного семéйства, а тепéрь не нахвáлимся. Что в дóме, что в дéле — золоты́е ру́ки.

Ли́па стоя́ла у двéри и как бу́дто хотéла сказáть: "Дéлайте со мной, что хоти́те: я вам вéрю", а её мать, Прасковья, подёнщица, пря́талась в ку́хне и замирáла от рóбости.

語句

тётка 伯母・叔母　устрóить[完]（устрóены : 被動形動詞過去・短語尾複数）行う、催す смотри́ны [複] お見合い　как слéдует きちんと、型どおりに　сшить[完]（сши́том : 被動形動詞過去・中性前置格）縫う　нарóчно[副] わざわざ　пунцóвый 真っ赤な　лéнточка（лéнта の指小形）リボン　плáмень[男]（=плáмя）炎　свети́ться[不完] 輝く волос[男]（волосáх : 複数前置格）髪の毛　ху́денький[形]（худóй の指小形）やせた нéжный 優しい　черта́（чертáми : 複数造格）線、顔立ち　сму́глый 浅黒い　от рабóты 労働のせいで　на вóздухе 戸外で　гру́стный 悲しげな　рóбкий 内気な、おどおど した　сходи́ть[不完] 下りる ;（笑いなどが）消える　у неё с лица́ 彼女の顔から по-дéтски [副] 子供のように　довéрчиво[副] 信頼に満ちて、信用して　любопы́тство 好奇心 : с любопы́тством もの珍しそうに　молодóй（молода́ : 短語尾女性）若い

日本語訳

　それから伯母さんの家で、前菜やお酒も揃えて、型どおりに見合いが行われた。リーパはお見合い用にわざわざ作ったピンクのワンピースを着て、髪には炎のように輝く真っ赤なリボンを結んでいた。彼女は痩せて弱々しく、顔色は赤みがなく、ほっそりした優しい顔立ちをして、戸外での労働のせいで日焼けしていた。悲しげな、内気そうな笑みが消えることはなく、まるで子供のように信頼と好奇心のこもった目で見ていた。

　彼女はうら若く、まだ小娘で、胸のふくらみもやっと目立つくらいだったが、年頃になっていたので結婚はさしつかえなかった。確かに美人だったが、ただひとつ気にされるかも知れない点があった。それは手が男のように大きいことで、今もその二本の手はカニの大きなはさみのように所在無さそうに垂れていた。

　「持参金のないことは、私らは気にかけません」と老人はリーパの伯母に言った。「次男のステパーンの嫁も貧乏な家から迎えましたが、今じゃ、いくら褒めても褒め足りません。家のことでも商売のことでも、黄金の腕ですよ」

　リーパはドアの脇に立って、「私のことは好きなようになさってください。あなた方を信じていますから」と言いたそうな様子をしていた。日雇いをしている母親のプラスコーヴィヤは台所に隠れて、怖気づいてすくみあがっていた。


語句（つづき）

заме́тный 目に見える、目立つ　грудь[女]（гру́дью：造格）胸、乳房　венча́ть[不完]結婚させる　год 年（года́：複数主格）；года́ вы́шли（вы́йти [完]過去複数）年頃になった　в са́мом де́ле 確かに　одно́ ただひとつのこと　мочь[不完]（過去：мог, могла́,,,）〜できる、〜するかも知れない　нра́виться[不完]気に入る、よい印象を与える　пра́здно[副]無為に、何もせず　висе́ть[不完]垂れている　клешня́（カニ・エビなどの）はさみ　прида́ное[中]（прида́ного：生格。否定生格）持参金、持参品　взять[完]（人を）受け入れる、採用する、（妻・嫁を）もらう　семе́йство 家庭；из бе́дного семе́йства 貧乏な家から　нахвали́ться [完]さんざん褒める；не нахвали́ться いくら褒めても褒め足りない　что ..., что ... 〜であろうと〜であろうと　подёнщица（女性の）日雇い労働者（男性は подёнщик）　пря́таться[不完]隠れる　замира́ть[不完]動けなくなる、立ちすくむ　ро́бость[女]臆病、小心

19

テクスト解説

① アニーシムの嫁探しを始めるワルワーラ

　突然帰省したアニーシムは落ち着かない様子ですが、家族は何も心配せず、それどころか義母のワルワーラを中心に彼の嫁探しを始めます。結婚は本人よりも家の問題であった当時の考え方からすると、この嫁探しに不都合な点はありませんでした。ただ、アニーシムの異変に注意を向けずに結婚話を進めるところに、ワルワーラという女性の特徴が現れているので、本課のテクストには登場していませんが、ここで彼女について取り上げておきましょう。

　次男を結婚させたグリゴーリーは、1年ほど後に自分も再婚しました。美人で押し出しもよいワルワーラは良家の出で、テーブルクロスを敷いたり窓辺に花鉢を置いたりして、農民風でがさつだったこの家の暮らしに新風をもたらします。彼女はイコンの前に灯明をともし、乞食や巡礼に施しをして、信心深い面も示しましたが、これもこの家では見られなかったことでした。粗悪なウォトカや腐った塩漬け肉を売り、ひどくあこぎな商売をしているツィブーキン家では、時にはやりきれない雰囲気が充満します。そんな中でワルワーラの清らかさは、「機械の安全弁」のような役目を果たしていると書かれています。しかし、作家のナボコフは彼女について、「感じはいいが、うわべの親切さの下には何もない、空っぽの貝殻」と辛辣に評しています。確かに、信心深くて親切なワルワーラは、状況によっては自己中心性や人への無神経さを見せることもあります。彼女が長男の嫁探しを思い立った背景には、義母としての気遣いだけでなく、人の気持ちに無頓着な一面を読みとることも可能です。

　アニーシムは突然家に帰ってきたとき、「不安そうな、なんだか落ち着きのない様子」でした（第3課）。物語の世界に姿を見せたときから、何か大きな心配事を抱えていて、そのことは、「総じて彼は、前に帰宅したときとは様子が違って、なんだかひどく投げやりで、余計なことばかりしゃべっていた」と、何度も強調されています。ところが家族はそれを一向に気にせずに縁談を進める、そんな状況の中で、「いったいアニーシムはどんな秘密を抱えているのか」という問いが、物語の展開の大きな鍵となっていきます。

② アニーシムのお見合い

　帝政時代のロシアでは、身分の上下を問わず、結婚に際して花嫁の持参金や持参品 придáное は重要な関心事であり、結婚の合意に至るまで相当の交渉がなされることもありました。駆け引きするほどの資産はない家でも、あまりに貧乏な家から嫁を迎えるのを躊躇するのは当然でした。ところがツィブーキン家は裕福なので、持参金にはこだわらず、美人であることを嫁選びの基準にしてきました。アニーシムの嫁に選ばれたリーパも、評判の器量よしですが、非常に貧しい母子家庭の娘でした。

　結婚の相手が見つかってからの両家の集まり смотрúны をお見合いと訳しましたが、これは日本の伝統的な見合いとは異なり、結婚を決めた花婿とその家族が、相手の娘の家に招待されて顔合わせをする儀礼です。アニーシムとリーパは、この席で初めて知り合うのです。アニーシムは貧相な体格にさえない容貌、おまけに深酒の癖まであるというのに、美人の花嫁が見つかったと聞くと、「ツィブーキンの一族は、みんな男前だか

らな」と言い放ち、お金の力で村を支配するクラークの一族らしい傲慢さを示しました。彼は見合いの席でもその後も、自分の結婚にも相手の女性にも関心を示さず、内なる不安にとらわれ続けます。

③　新たな女性像リーパ

　　アニーシムの妻になるリーパは、母親とともに日雇い労働で暮らしてきた娘です。お見合いの席ではピンクのワンピース、髪には真っ赤なリボンと、まるで子供のような服装をしています。容姿についても、信頼と好奇心に満ちたまなざしや未発達な胸など、子供っぽさが強調されています。帝政ロシアの民法では、女性は 16 歳になると結婚可能でした。教会法ではもっと若くてもよかったのですが、19 世紀後半になると農村でも早婚は減っていたので、リーパは 16、17 歳ではないでしょうか（ちなみに夫となるアニーシムは、この時点で 27 歳を過ぎています）。リーパは、年齢にしては子供っぽいイメージを付与されて、弟嫁のアクシーニヤや姑のワルワーラとはまったく違ったタイプの美人として提示されています。さらに、リーパの日焼けした肌と、男のように大きな手は、労働との結びつきを強く示しています。大きな手が蟹のはさみのように所在無く垂れているという巧みな比喩によって、着慣れないドレスに身を包んだ村娘のイメージが浮かび上がります。なお、リーパという名前は、多くの場合は「オリンピアーダ」という名前の愛称形です。この名前はギリシア起源ですが、決して貴族的というわけではなく、村娘の名前として不自然ではありませんでした。一方、ギリシア起源でもキリスト教起源でもなく、菩提樹を意味するロシア語の「リーパ」も、女性の名としてつけることがありました。『谷間』のリーパについても、どちらの場合もあり得ると考えられます。

---

**文法メモ**

**①　複数名詞**

　　ロシア語には複数形しかない名詞があります。この作品で使われている語を中心に挙げると、まず、штаны́(ズボン)・очки́(メガネ)・воро́та(門)など対の構造を持つ物、そして часы́(時計)・дро́жки(軽四輪馬車)・са́ни(橇)など複雑な構造をもつ物のグループがあります。また儀礼や祭式を表す語の中にも一連の複数名詞が見られます。第 1 課に出てきた по́хороны(葬式)と поми́нки(追善供養)、本課の смотри́ны(見合い)がその例です。このグループには имени́ны(名の日の祝い)・крести́ны(洗礼)なども含まれます。第 1 課には отбро́сы(ごみ、廃物)も出てきました。これは、опи́лки(おが屑)・о́труби(糠)・отхо́ды(廃棄物)など、屑や残滓を表す複数名詞のグループに含まれます。

**②　「今じゃ、いくら褒めても褒め足りません ... а тепе́рь не нахва́лимся.」**

　　動詞に接頭辞 на- と接尾辞 –ся がつくと「思う存分〜する」という意味になります。нае́сться [完]腹いっぱい食べる・наслу́шаться [完]心ゆくまで聞く・наболта́ться [完]さんざんしゃべる、などの例があります。テクストのように否定形になると、「いくら〜しても、し足りない」の意味になります。

21

# 第5課　結婚式の準備（アニーシムと輝く銀貨）

В дере́вне Шика́ловой жи́ли портни́хи, две сестры́-хлысто́вки. Им бы́ли зака́заны к сва́дьбе обно́вы, и они́ ча́сто приходи́ли приме́ривать и подо́лгу пи́ли чай. Варва́ре сши́ли кори́чневое пла́тье с чёрными кружева́ми и со стекля́русом, а Акси́нье — све́тло-зелёное, с жёлтой гру́дью и со шле́йфом. Когда́ портни́хи ко́нчили, то Цыбу́кин запла́тил им не де́ньгами, а това́ром из свое́й ла́вки, и они́ ушли́ от него́ гру́стные, держа́ в рука́х узелки́ со стеари́новыми свеча́ми и сарди́нами, кото́рые бы́ли им совсе́м не нужны́, и, вы́йдя из села́ в по́ле, се́ли на бугоро́к и ста́ли пла́кать.

Ани́сим прие́хал за три дня до сва́дьбы, во всём но́вом. На нём бы́ли блестя́щие рези́новые кало́ши и вме́сто га́лстука кра́сный шнуро́к с ша́риками, и на плеча́х висе́ло пальто́, не наде́тое в рукава́, то́же но́вое.

Степе́нно помоли́вшись бо́гу, он поздоро́вался с отцо́м и дал ему́ де́сять сере́бряных рубле́й и де́сять полти́нников; и Варва́ре дал сто́лько же, Акси́нье — два́дцать четверта́ков. Гла́вная пре́лесть э́того пода́рка была́ и́менно в том, что все моне́ты, как на подбо́р, бы́ли но́венькие и сверка́ли на со́лнце. Стара́ясь каза́ться степе́нным и серьёзным, Ани́сим напряга́л лицо́ и надува́л щёки, и от него́ па́хло вино́м; вероя́тно, на ка́ждой ста́нции выбега́л к буфе́ту. И опя́ть была́ кака́я-то развя́зность, что-то ли́шнее в челове́ке.

---

語句

портни́ха（女性の）仕立て屋、裁縫師（男性は портно́й）　хлысто́вка（女性の）鞭身派教徒（男性は хлыст）　им［代］они́（две сестры́-хлысто́вки を受ける）の与格；彼女たちに　заказа́ть［完］（зака́заны：被動形動詞過去・短語尾複数）注文する　обно́ва 新しい品　приме́ривать［不完］仮縫いする　подо́лгу［副］長く　сшить［完］（сши́ли：過去複数。不定人称文）縫う　кру́жево（кружева́ми：複数造格）レース　стекля́рус（集合）ビーズ　све́тло-зелёный 薄緑色の　шлейф 引き裾（ロングドレスの後ろに長く引きずった裾の部分）　узело́к（узелки́：複数対格）（小さな）包み　стеари́новая свеча́ ステアリンろうそく（獣脂から化学処理で抽出したステアリン酸を原料とする）　сарди́на イワシ；сарди́ны［複］イワシの缶詰、オイルサーディン　сесть［完］（過去：сел, се́ла...）座る　бугоро́к（буго́р の指小形）小丘　во всём но́вом, на нём（p.13 第2課文法メモ参照）　блестя́щий ぴかぴか光る、輝く　рези́новый ゴム製の　кало́ши［複］オーバーシューズ　вме́сто［前］（生格を伴い）〜の代わりに　га́лстук ネクタイ　шнуро́к（шнур の指小形）細い紐

22

日本語訳

　シカロワヤ村に、服を仕立てる二人の鞭身派（べんしんは）の姉妹が住んでいた。彼女たちに結婚式用の新しい服を注文したので、二人はしばしば仮縫いにやって来て、長々とお茶を飲んだ。ワルワーラが縫ってもらったのは、黒いレースとビーズをあしらった茶色のドレス、アクシーニヤの方は薄緑色のドレスで、胸元は黄色で、長い引き裾がついていた。女たちが仕事を終えたとき、ツィブーキンは現金で支払いをせず、自分の店の商品で払った。姉妹は、自分たちにはまったく不必要なステアリンろうそくやオイルサーディンの包みを両手に持って、がっかりして彼のもとを去り、村から野原に出たとき、小高いところに腰を下ろして、泣きだした。

　アニーシムは結婚式の3日前に、全身新しいものを身につけて帰ってきた。ぴかぴかのゴムのオーバーシューズ、ネクタイ代わりに締めた飾り玉つきの赤い編み紐、そして腕を通さずに肩にはおったコートも、やはり新しかった。

　彼は恭しくお祈りしてから、父親と挨拶を交わすと、1ルーブル銀貨10枚と50コペイカ玉10枚を贈った。それからワルワーラにも同じだけ、アクシーニヤには25コペイカ玉20枚を贈った。この贈り物の魅力は何といっても、コインが全部新しくて、陽の光に輝いていることだった。まじめで堂々とした様子に見せようと、アニーシムは顔を引き締め、頬を膨らませていたが、酒の匂いをさせていた。どうやら、駅に着くたびにビュッフェに駆けつけたらしい。そして今度も彼には、なんだか投げやりな、取ってつけたようなところがあった。

語句（つづき）
шáрик［男］(шар の指小形) 小さな玉　рукáв (рукавá：複数対格) 袖；не надéтое в рукавá 袖を通していない　степéнно［副］かしこまって　помолúться［完］(помолúвшись：副動詞) しばらく祈る　поздорóваться［完］挨拶を交わす　серéбряный рубль 1ルーブル銀貨　полтúнник 50コペイカ硬貨　стóлько же ちょうど同じだけ　четвертáк 25コペイカ硬貨　прéлесть［女］魅力　в том, что ... ～ということに　монéта 硬貨、コイン　как на подбóр 揃いも揃って、いずれ劣らず　нóвенький 真新しい　сверкáть［不完］輝く　на сóлнце 陽光を受けて　стáраться［不完］(стáраясь：副動詞) 努める　казáться［不完］(造格を伴い) ～のように見える　степéнный 落ち着いた、謹厳な　напрягáть［不完］引き締める　надувáть［不完］ふくらませる　щекá (щёки：複数対格) 頬　пáхнуть［不完］(пáхло：過去中性。無人称文。本課文法メモ②参照) (造格を伴い) ～の匂いがする　буфéт 軽食堂、ビュッフェ　развя́зность［女］馴れ馴れしさ、無遠慮さ　что-то［不定代］何か　лúшний［形］余計な

23

テクスト解説

① 結婚式の準備—ツィブーキン家の贅沢と非情

　アニーシムの結婚が決まると、ツィブーキン家では結婚式の準備が始まりました。現代と同じように、女たちはまず衣装の用意に取りかかり、ワルワーラもアクシーニヤも年恰好にふさわしい豪華なドレスを新調します。ワルワーラの服については、これ以後は特に言及されませんが、アクシーニヤの衣装については描写が繰り返されます。

　ドレスを縫ったのは鞭身派の姉妹でした。帝政時代にはロシア正教が国家宗教の位置を占めていましたが、17世紀後半に公認の正教会から分離した古儀式派（旧教徒とも呼ばれる）も、かなり大きな勢力を持っていました。それ以外に、鞭身派や去勢派、モロカン派、ドゥホボル派など、正教会が異端とみなしたセクトも存在していました。鞭身派хлыстыは、17世紀半ばに農民の間に発生したとされる、神秘主義的なセクトです。хлыстとは柳の枝や樹皮で作った細鞭のことで、信者たちが自らの身体を鞭打ちながら踊って宗教的恍惚に至る秘儀があったためにこう呼ばれたとも、あるいはхристы（キリストたち）が転じてхлыстыになったとも言われています。20世紀初頭に皇帝ニコライ2世と皇后に対して絶大な影響力を持ったラスプーチンの信仰は、鞭身派に近いものだったと考えられています。19世紀末から20世紀初頭にかけて、知識人たちは鞭身派をはじめとする民衆の宗教に大きな関心を示しました。チェーホフも短編『殺人 Убийство』(1895)でそのテーマを取り上げています。

　鞭身派は公認教会には排斥されましたが、村々にはかなり広く行き渡っていました。『谷間』の仕立て屋姉妹が鞭身派であったことには、重大な思想的意味は込められておらず、ただ鞭身派は民衆の間に浸透していたので、信者であることを隠しもせずに、また特に危険視もされずに暮らしていたことがうかがわれます。長い時間をかけて2枚の晴れ着を縫い上げた姉妹は、結局お金を払ってもらえませんでした。ステアリンろうそくは、悪臭がする獣脂ろうそくに代わって使われるようになっていましたが、高価だったので、19世紀末の農村では常用することはなく、特別なときに使われるくらいでした。フランスからの輸入品であるオイルサーディンの缶詰も、庶民の食べ物ではありませんでした。グリゴーリーには良心の呵責という感覚はありません。おそらく売れ残りの、自分では使うこともない品物を縫い賃代わりに渡され、村はずれで泣く哀れな姉妹の姿によって、自家の利益だけを追求するツィブーキン家のやり口が示されています。

② アニーシムと輝く銀貨

　結婚式のために再び町から帰ってきたアニーシムは、相変わらず何やら不安げな様子で、酒の匂いまでさせていますが、ツィブーキン家の一員らしく、上から下まで新しい服で揃えています。ぴかぴかのオーバーシューズや赤い玉のついた飾り紐など、田舎の人たちの目を見張らせる派手な服装です。さらに印象的なのは、彼が父と義母と弟嫁への贈り物にしたコインで、1ルーブリ、50コペイカ、25コペイカ、3種類各20枚の全部が真新しいものでした。きらきら光る銀貨を、派手な格好の息子が勿体ぶって家族に手渡す場面は、ツィブーキン家の本質や運命と結びついた象徴的なシーンです。

　帝政ロシアでは1895-97年に、大蔵大臣ウィッテによって金本位制が導入され、それに伴って10ルーブリと5ルーブリの金貨が発行され、国民の大きな関心を呼んでいました。アニーシムが贈ったのは金貨ではなく、もっと小額の銀貨ですが、何しろ全部ぴかぴかで、とてもインパクトのある贈り物です。この後、ワルワーラから町の様子を聞かれた

アニーシムは、「法事の料理が一人前2ルーブリ半」、「レストランのコニャックは1杯60コペイカ」などと、町でのものの値段を細かく説明します。家族に現金を贈ったり、物価にこだわったり、アニーシムはお金に強い関心を持っているようです。

文法メモ
① 副動詞
　動詞から派生して副詞的な働きをするものを副動詞といいます。
(1) ...и они́ ушли́ от него́ гру́стные, держа́ в рука́х узелки́...
(2) ...вы́йдя из села́ в по́ле, се́ли на бугоро́к и ста́ли пла́кать...
　(1)は不完了体副動詞で、動詞の現在形語幹に-я(語幹がж, ч, ш, щの後では-а)をつけて作られます。(2)は完了体副動詞です。完了体副動詞は、動詞の過去語幹に、1)母音字の後には-в、2)子音字の後には-вшиをつけるのが規則ですが、(2)の例のように接頭辞のつく移動の動詞は、不完了体と同じく現在形語幹に-яをつけて作る場合もあります。不完了体副動詞は、主文の述語動詞と同時に行われる動作を表し、完了体副動詞は主文の述語動詞に先立って完了する動作を表します。どちらも原因、条件、譲歩など様々な要素を表すので、文脈に応じて訳すようにしましょう。副動詞は-ся動詞からも作られます。これまで述べた規則にしたがって、語幹に-ясь(-ась), -вшись, -шисьをつけます。
(3) Стара́ясь каза́ться степе́нным и серьёзным, Ани́сим напряга́л лицо́ и надува́л щёки...　(p.22)
(4) Степе́нно помоли́вшись бо́гу, он поздоро́вался с отцо́м... (p.22)

② 無人称で用いられることのある動詞（па́хнуть, дуть）
　動詞 па́хнуть は、«Э́тот цвето́к хорошо́ па́хнет. この花は香りがよい»のように主語を受けて述語として用いる場合と、本課の«...от него́ па́хло вино́м... 彼は酒臭かった»のように無人称で用いる場合があります。自然現象や、生理的・心理的現象を表す動詞に、人称文でも無人称文でも用いられるものがあります。第7課に出てくる動詞 дуть もその例で(p.30)、«Ду́ет ве́тер.»と«Ду́ет ве́тром.»はどちらも可能です。ロシア語では人の意志と関わりなく起こる現象を表す無人称文が発達していて、その使用頻度はかなり高いことを覚えておいてください。

1901年鋳造の1ルーブリ銀貨
（表面はニコライ2世の横顔、
裏面は双頭の鷲の紋章）

## 第6課　結婚披露宴（客たちと陰の人物サモロードフ）

Тут бы́ло духове́нство, прика́зчики с фа́брик с жёнами, торго́вцы и тракти́рщики из други́х дереве́нь. Волостно́й старшина́ и волостно́й пи́сарь, служи́вшие вме́сте уже́ четы́рнадцать лет и за всё э́то вре́мя не подписа́вшие ни одно́й бума́ги, не отпусти́вшие из волостно́го правле́ния ни одного́ челове́ка без того́, что́бы не обману́ть и не оби́деть, сиде́ли тепе́рь ря́дом, о́ба то́лстые, сы́тые, и каза́лось, что они́ уже́ до тако́й сте́пени пропита́лись непра́вдой, что да́же ко́жа на лице́ у них была́ кака́я-то осо́бенная, моше́нническая. Жена́ пи́саря, же́нщина исхуда́лая, коса́я, привела́ с собо́й всех свои́х дете́й и, то́чно хи́щная пти́ца, коси́лась на таре́лки, и хвата́ла всё, что попада́лось по́д руку, и пря́тала себе́ и де́тям в карма́ны.

Ли́па сиде́ла окамене́лая, всё с тем же выраже́нием, как в це́ркви. Ани́сим, с тех пор как познако́мился с ней, не проговори́л с ней ни одного́ сло́ва, так что до сих пор не знал, како́й у неё го́лос; и тепе́рь, сидя́ ря́дом, он всё молча́л и пил англи́йскую го́рькую, а когда́ охмеле́л, то заговори́л, обраща́ясь к тётке, сиде́вшей напро́тив:

— У меня́ есть друг, по фами́лии Саморо́дов. Челове́к специа́льный. Ли́чный почётный граждани́н и мо́жет разгова́ривать. Но я его́, тётенька, наскво́зь ви́жу, и он э́то чу́вствует. Позво́льте с ва́ми вы́пить за здоро́вье Саморо́дова, тётенька!

語句

духове́нство(集合)聖職者　прика́зчик 番頭、管理人、監督　торго́вец(торго́вцы：複数主格)商人　тракти́рщик 酒場の主人　дереве́нь：дере́вня の複数生格　волостно́й 郷の старшина́[男]長　пи́сарь[男]書記　служи́ть[不完](служи́вшие：能動形動詞過去・複数主格)勤める　за всё э́то вре́мя この期間を通して　подписа́ть[完] (подписа́вшие：能動形動詞過去・複数主格)署名する　оди́н[数詞]1、ひとつ(の) ( одно́й：女性形 одна́ の生格、одного́：оди́н の生格。否定生格) отпусти́ть[完] (отпусти́вшие：能動形動詞過去・複数主格)帰らせる、放免する　правле́ние 役場　без того́, что́бы ... ～しないで　о́ба[数]二人、ふたつ　сы́тый 満腹の、満足そうな сте́пень[女]程度 ; до тако́й сте́пени .., что ... ひどく～しているので(что 以下の文が結果を表す)　пропита́ться[完](造格を伴い)～がしみこむ　непра́вда 虚偽、嘘

日本語訳

　そこには教会の聖職者たち、工場の監督とその妻たち、よその村から来た商人と居酒屋の亭主たちがいた。郷長と郷書記は、もう14年間も一緒に勤めてきたが、その間にただの一通も書類に署名せず、ただの一人も騙したり侮辱したりせずに郷役場から帰らせたことはないという連中で、今は隣り合って座っていた。どちらも太って食い足りて、全身に嘘がしみ渡ったために、顔の皮膚まで何だか詐欺師っぽい特殊なものになっているようだった。書記の妻は、がりがりに痩せた斜視の女だったが、自分の子供を全員連れて来ていて、まるでハゲタカのように、皿を横目で見ては手近にあるものを残らず引っつかんで、自分と子供のポケットに押し込んでいた。

　リーパはこちこちに硬くなっていて、その表情も教会にいたときのままだった。アニーシムは彼女と知り合ってからひと言も口を利いたことがなかったので、いまだに彼女がどんな声をしているのか知らなかった。今も並んで座っているのに、彼はずっと黙り込んで、イギリス製のウォトカを飲んでいたが、酔ってくると、向かいに座っていた伯母さんに話しかけた。

　「私には友だちがいましてね、苗字はサモロードフっていいます。たいした男ですよ。一代名誉市民で、弁も立つ。でもね伯母さん、私はあいつのことを見抜いていて、相手もそれがわかってるんです。サモロードフの健康を祈って、一緒に乾杯させてください、おばさん！


語句（つづき）

мошéннический ペテン師の　исхудáлый やせこけた　косóй やぶにらみの
привестú［完］（過去：привёл, привелá ...）連れてくる　хúщная птúца 猛禽　косúться
［不完］（на+対格を伴い）〜を横目で見る　попадáться пóд руку たまたま手に入る
окаменéлый こわばった、無表情の　с тем же выражéнием, как ...〜と同じ表情で
цéрковь［女］（цéркви：前置格）教会　с тех пор как ...〜して以来　до сих пор 現在
に至るまで　так что だから　сидéть［不完］（сидя́：副動詞）座る　гóрькая［女］ウォト
カ　охмелéть［完］酔う　обращáться［不完］（обращáясь：副動詞）（к+与格を伴い）〜に
話しかける　сидéть［不完］（сидéвшей：能動形動詞過去・女性与格）座っている
лúчный почётный гражданúн 一代名誉市民（本課テクスト解説③参照）　насквóзь
вúдеть すっかり見透かす　позвóлить［完］（позвóльте：複数命令）（命令形を用いて）〜さ
せてください

27

テクスト解説
① 結婚式のリーパとアニーシム

　よく晴れた4月のある日、まず教会で結婚式を挙げ、それからツィブーキン家で披露宴が開かれます。花嫁リーパは結婚式では、ろうそくの明かりや客たちのきらびやかな服に目がくらみ、生まれて初めて身につけたコルセットと編み上げ靴に体を締めつけられて、呆然としています。この日の朝アクシーニヤは、まだドレスを着る前にコルセットを露わに見せて、「新しい編み上げ靴をきゅっきゅっと鳴らして в но́вых скрипу́чих боти́нках」中庭を走り回っていました。アクシーニヤとリーパの気質や生きる態度の違いはこんな細部にも現れ、作家は特にアクシーニヤの服装について意識的に書き込んでいます。彼女はドレスだけでなく靴も新調して、新しい編み上げ靴でつむじ風のように駆け抜けます。それに対して、リーパは「まるで失神から息を吹き返したばかり」というような顔をしているのです。

　一方、花婿アニーシムは物思いにふけり、泣き出したいほどの感動を覚えていますが、それは自分の結婚への感慨ではありません。彼は結婚式のことなど忘れて、「今日明日にもわが身に降りかかってこようとしている避けがたい不幸が、なんとか自分を避けていってくれますように」と、必死で神に祈っていたのです。最初の帰省以来、アニーシムには秘密があることがほのめかされてきましたが、ここで彼が確かに何か大変な窮地に陥っていることが示されます。彼は罪の許しを乞うて神に祈り、大声で泣きじゃくりますが、周囲は彼が酔ったのだと考えて、気に留めません。彼と周囲の人々のコミュニケーション不在の状態も深まるばかりで、妻となるリーパとの間にも、関心や理解が生まれる気配はありません。

② 披露宴の客たち

　ツィブーキン家の結婚披露宴には、ウクレーエヴォと近隣の村々から、地域を代表する人々が招待されています。ここで注目したいのは、郷長や郷書記たちに非常に厳しい視線が向けられていることです。郷役場については作品中ですでに言及があり、郷長は無学だと書かれていました。郷書記も同類と見えて、役場に電話を引いても南京虫やゴキブリの巣にしてしまうありさま。二人とも仕事はせず、役場にくる村人を騙したり侮辱したりするばかりです。郷は農奴解放後に設けられた行政単位で、農民たちの寄合いで選出された郷長が、行政命令の伝達や郷の安寧を守る仕事を任されていました。郷書記は法的な権限を持たない職でしたが、現実には大きな権力を行使することも多く、チェーホフはそれを描き出したのです。この二人については、仕事ぶりから容貌までネガティブな表現が連ねられています。厳しい見方は郷書記の妻にも及んでおり、この一団の描写には彼らへの冷徹な視線が感じられます。視点を登場人物の誰かに固定せず、地の文の中で比較的自由に作品中の人物やできごとに対する評価や感情が述べられるのは、チェーホフの後期作品の特徴と言えます。チェーホフ研究者のチュダコーフ (1938-2005)は著書『チェーホフの詩学 Поэ́тика Че́хова』(1971) において、作品の語りと視点に着

目して、チェーホフの創作を3期に分けて考察しました。初期（1880-1887）は主観的な語り、中期（1888-1894）は客観的な語りが特色であると述べましたが、後期（1895-1904）は語りも視点も複雑化するため、特色はそれほど具体的には定義されていません。彼の論を簡略にまとめると、「初期には語り手の視点が自在に移動して、その感情や評価を、つまり語り手の主観を述べていたのに対して、中期には主人公の視点と語りが優勢になる。後期には、主人公の視点による描写は後退して、語り手による直接的な描写に場所を譲る。しかし、初期と違って語り手は多くの顔を持つようになっているので、視点は多層化し、語りも多くの新要素を取り込んで複雑化する」ということになるでしょう。視点と語りという文学固有の概念に立脚したチュダコーフの論考は、チェーホフ研究史において画期的なものでした。初期と中期に関する明快な定義に比べると、後期の語りについては「密度が増した」、「普遍的になった」などの少々曖昧な表現が用いられていますが、後期作品の語りが複雑であるために、そうした叙述になっていると思われます。披露宴の場面で郷長たちを描いた一節には、特定の作中人物の視点に縛られず、自由に感情や評価を述べる、後期独特の語り手が顔を出しています。

### ③　陰の人物サモロードフ

　家での披露宴でもリーパはあいかわらず極度に緊張していますが、アニーシムはそんな彼女に話しかけるでもなく、黙り込んで酒を飲み、酔いが回るとようやく客に話しかけます。話題は自分の友人サモロードフのことです。彼は父やワルワーラとの会話でもサモロードフのことを話題にしていましたから、この友人のことが頭を離れない様子です。読者はすでにこの人物についてかなりの情報を与えられています。階級は一代名誉市民、色黒で、あだ名はムフタール、雄弁で、コニャック入りのコーヒーが好きなことまで――。この作品に多くの人物を配置するための工夫をしたチェーホフは、サモロードフについては、アニーシムの話の中だけに登場させました。それ以外にはアニーシムの手紙の代筆者として存在して、生身の姿は見せないというのは、なかなか興味深い手法です。戯曲『桜の園』では、ラネフスカヤ夫人の愛人がパリから何度も電報を送ってきます。彼も舞台に登場することはないまま、電報に対するラネフスカヤ夫人の反応によって次第に存在が強調され、彼女は最後に彼のもとへ帰ることになります。それと類似の方法がサモロードフにも用いられています。アニーシムは、「私はサモロードフという人間を見抜いていて、あいつのやってることは全部よーく知ってる」と言います。相手はそれが何だか気味悪いのでアニーシムについて回り、二人は今や切っても切れぬ仲だというのです。頻繁に名前が出るサモロードフとアニーシムの間に何があるのか、どうしても気になるように書かれています。なお、一代名誉市民というのは、たとえば聖職者の子供で聖職者にならなかった者や、所定の官等に達した官吏などに与えられた身分です。他に世襲の名誉市民のグループもあり、どちらも体刑、徴兵、人頭税を免除されていたので、特権階級のひとつと言えます。

## 第7課　踊るアクシーニヤ（マムシのような女）

Вечером были танцы под музыку. Приехали Хрымины Младшие со своим вином, и один из них, когда танцевали кадриль, держал в обеих руках по бутылке, а во рту рюмку, и это всех смешило. Среди кадрили пускались вдруг вприсядку; зелёная Аксинья только мелькала, и от шлейфа её дуло ветром. Кто-то оттоптал ей внизу оборку, и Костыль крикнул:

— Эй, внизу плинтус оторвали! Деточки!

У Аксиньи были серые наивные глаза, которые редко мигали, и на лице постоянно играла наивная улыбка. И в этих немигающих глазах, и в маленькой голове на длинной шее, и в её стройности было что-то змеиное; зелёная, с жёлтой грудью, с улыбкой, она глядела, как весной из молодой ржи глядит на прохожего гадюка, вытянувшись и подняв голову. Хрымины держались с ней вольно, и заметно было очень, что со старшим из них она давно уже находилась в близких отношениях. А глухой ничего не понимал, не глядел на неё; он сидел, положив ногу на ногу, и ел орехи и раскусывал их так громко, что, казалось, стрелял из пистолета.

Но вот и сам старик Цыбукин вышел на средину и взмахнул платком, подавая знак, что и он тоже хочет плясать русскую, и по всему дому и во дворе в толпе пронёсся гул одобрения:

— Сам вышел! Сам!

語句

танец［男］（танцы：複数主格）ダンス　под музыку 音楽に合わせて　Хрымины Младшие 年少のフルィーミン家（本課テクスト解説①参照）　кадриль［女］カドリール（4組か2組の男女ペアが四角形を作って踊るダンス）　в обеих руках（обеих：оба の女性形 обе の前置格）両方の手に　по бутылке 瓶を一本ずつ　во рту 口に（рту：рот の前置格）　смешить［不完］笑わせる　пускаться［不完］〜しはじめる　вприсядку［副］腰を落として足を交互に前に出して（日本でコサック・ダンスと呼ばれる踊り方）　мелькать［不完］ちらちら見える、見え隠れする　дуть［不完］（風が）吹く（第5課文法メモ②参照）　ветер（ветром：造格）風　оттоптать［完］踏みつける　внизу［副］下で、下のほうで　оборка フリル　костыль［男］松葉杖（ここでは人のあだ名）　плинтус（壁の下部に取り付ける）幅木　оторвать［完］引きちぎる、引き破る　деточка おちびさん（小さな子供に対するやさしい呼びかけ）　наивный 無邪気な、純真な　мигать［不完］瞬きする　играть［不完］（光、色、微笑などが）ゆらめく、ちらつく　немигающий 瞬きしない

30

日本語訳

　夜には音楽に合わせてダンスをした。フルィーミン家の息子たちが酒を持って
やって来て、ダンスがカドリールになると、兄弟のひとりが両手に一本ずつ酒を
持ち、口にグラスをくわえて踊り、みんなを笑わせた。カドリールの最中に突然、
腰を落として激しいダンスが始まると、緑色のアクシーニヤは目にも留まらぬす
ばやさで踊り、ドレスの引き裾が風を巻き起こした。誰かが彼女のドレスのフリ
ルを踏みつけると、「松葉杖」爺さんが大声で叫んだ：

　「やや、幅木がずれちまったぞ、子供たち！」

　アクシーニヤの灰色の目はめったに瞬きをせず、顔にはたえず無邪気な笑みが
浮かんでいた。この瞬きをしない目にも、長い首と小さな頭にも、すらりとした
体つきにも、どこか蛇みたいなところがあった。全体が緑色で胸元が黄色いドレ
スを着て、笑みを浮かべた彼女は、春にまだ若いライ麦の間から身を伸ばして鎌
首をもたげ、道行く人を眺めているマムシのように見えた。フルィーミン兄弟は
彼女に対してなれなれしく振舞い、兄の方はずっと前から彼女と深い関係にある
のは、一目瞭然だった。だが、耳の悪い夫は何も察しないで、彼女を見もしなか
った。彼は足を組んで座り、クルミを食べていたが、まるでピストルを撃ったよ
うな大きな音を立てて、かじっていた。

　だが、ツィブーキン老人その人が真ん中に進み出て、ハンカチを振って、ロシ
ア舞踊を踊りたいという合図をすると、家の中でも中庭にいる群集の間でも、賛
同するどよめきが沸き起こった。「御大が出てきた、御大だ！」

語句(つづき)

стро́йность[女]スタイルのよさ、すらりとしていること　зме́йный 蛇の(ような)(蛇
змея́から派生した形容詞)　рожь[女](ржи：生格)ライ麦　гадю́ка[女]クサリヘビ(ロシ
アの代表的な毒蛇、マムシやハブの仲間)　вы́тянуться[完](вы́тянувшись：副動詞)身体
を伸ばす　держа́ться[不完](с+造格を伴い)〜に対してふるまう、態度をとる　во́льно
[副]なれなれしく、無遠慮に　заме́тно[無人称述語](что 以下のことが)目に付く、明ら
かである　находи́ться в бли́зких отноше́ниях (с+造格を伴い)〜と親しい関係(＝男
女の仲)にある　положи́ть но́гу на́ ногу 足を組む(直訳：片方の足の上にもう片方をのせ
る)　раскусывать[不完]噛み砕く　так ..., что ... 非常に〜なので〜(что 以下が結果を
示す)　гро́мко[副]大きな音を立てて　стреля́ть[不完]撃つ　взмахну́ть[完](造格を伴
い)〜をさっと振る　подава́ть знак 合図する　пляса́ть ру́сскую ロシアの民族舞踊を
踊る　пронести́сь[完](過去：пронёсся, пронесла́сь...)(音が)伝わる、響く　одобре́ние
賛同、賞賛

31

テクスト解説

① フルィーミン兄弟（19世紀末の工場主たち）

　ウクレーエヴォ村には3つの更紗工場があり、その工場主は年長のフルィーミン家、年少のフルィーミン家、そしてコスチュコーフです。フルィーミンは年長も年少も複数形なので、親の世代と子の世代がどちらも兄弟でやっていると考えられます。結婚式の日には早朝からコスチュコーフ家やフルィーミン家の料理人たちがツィブーキン家の台所で働いていたという叙述があり、工場主たちはみな婚礼に協力していたようです。

　ロシアの工業化の動きは19世紀末のウィッテ蔵相のもとで加速して、労働者数も急増しました。ロシア語では фа́брика は軽工業の、заво́д は重工業の工場を指すことが多く、заво́д の方が大規模な工場が多くなります。金属工業などの重工業と比べると、軽工業、特に綿工業の労働者は、低賃金、長時間労働、劣悪な労働条件という問題を抱えていました。ウクレーエヴォ村の4工場はすべて фа́брика に属します（後にアクシーニヤが建てる煉瓦工場は заво́д です）。『谷間』には労働者の仕事や生活に関する直接的な描写はありませんが、フルィーミン家の家族間の訴訟のせいで工場が一時閉鎖されたために、職を失った労働者が物乞いして歩く話が出てきます。自分の利益だけを考えて訴訟を起こすのが好きな工場主は、工場が閉鎖されると即座に生活に困る労働者のことは考えていません。第1章には、「祭日にはコスチュコーフとフルィーミン家の息子たちが馬車を乗り回し、村を駆け回って子牛を轢いた」という文があり、工場主たちが傍若無人に遊ぶ様が描かれています。

　チェーホフは、1890年代の2作品『女の王国 Ба́бье ца́рство』（1894）と『往診中のこと Слу́чай из пра́ктики』（1898）で、女性の工場主を取り上げました。前者では、事業内容もわからずに工場を相続した若い女性アンナが、召使いや親戚の女に囲まれて、慈善事業や客の接待などで日々を送っています。後者では、こちらも工場の相続人である20歳の女性リーザが不眠症や神経症的な発作に苦しむ様子を、往診を頼まれた医師の視点から描いています。ちなみに、『女の王国』の工場（金属工場か）は заво́д、『往診中のこと』（更紗工場）の工場は фа́брика と使い分けられています。『往診中のこと』で医師コロリョーフは、1500人から2000人もの工場労働者が不健康な環境の中で休みもなく働き、その利益をひとり占めしている母娘は、娘の病気のために見るのも哀れなくらい不幸で、幸福な満ち足りた生活を送っているのは、ただひとり、愚かしい家庭教師の女だけだと感じます。また『女の王国』の工場主アンナは、管理人が訴訟に勝ったので送って寄こした1500ルーブルの札束の始末に困って、ろくに仕事もしていない顧問弁護士にボーナスをねだられるまま、全額を与えます。一方、彼女の工場で働く古参工員は、「少なくとも月に35ルーブル稼ぐ」と書かれています。どんな工場にも喜んで迎えられる腕利きの工員の賃金と、アンナが何気なく弁護士に贈る金額を比べると、富が著しく偏って蓄積されていった時代状況が浮かび上がってきます。『谷間』の工場主たちは、

アンナと違って慈善のことなど考えもせず、リーザのように自分の富裕さに苦しむこと
もなく、今はまだ利益最優先で事業を伸ばしている段階のようです。3 作品には、19 世
紀末の工場主の様々な在り方が描かれています。

② アクシーニヤ（マムシのような女）

　ツィブーキン家の次男の妻アクシーニヤが義兄の結婚式のために誂えたのは、全体が
薄緑色で胸元が黄色、長い引き裾があるロングドレスでした。これを着た彼女には、「な
んだか蛇のようなところ что-то змейное」がありました。スリムな体型、ほとんど瞬き
をしない眼、長い首、小さな頭、そして緑色の服と続く「蛇のような」特徴の羅列が、
クサリヘビ гадю́ка の比喩へと見事につながっています。クサリヘビはロシアでは普通
に見かけられる有毒の蛇で、マムシやハブの仲間であり、гадю́ка は日本語のマムシと同
様に、いやな奴を指す言葉としても使われます。さらに蛇には一般的に狡猾で油断がな
らないイメージがあるので、アクシーニヤにもそんなイメージがつきまといます。また、
アクシーニヤはここまで言葉を発していません。店で笑ったり大声で叫んだりする声は
聞かれますが、意味のある言葉は発しておらず、目にも留まらぬ速さで踊ったり、中庭
を駆け抜けたりしているので、蛇のイメージのほかに、どことなく動物的な感じもしま
す。彼女はフルィーミン兄弟の一人と不倫関係にあります。それは誰が見てもわかるの
に、夫のステパーンだけが何も理解していません。他の男と親しげにしている妻を見向
きもせず、耳が遠いせいでむやみに大きな音を立ててクルミをかじる姿は、哀れである
と同時に異様な鈍感さも感じさせます。

　アクシーニヤとリーパは性格がまったく異なるので、対比的に捉えられがちですが、
器量よしを理由に貧しい家からツィブーキン家の嫁に選ばれたという共通点もあります。
美人で頭がよくて、健康で働き者のアクシーニヤは、実家が貧乏だったばかりに、病弱
で聴覚障害者のステパーンと結婚しました。若くて美しくて働き者のリーパが、貧相な
体格にさえない容貌、おまけに深酒をするアニーシムと結婚したのと、事情は同じです。

　アクシーニヤとリーパのように、性格も生き方も異なる嫁たちを、チェーホフは他の
作品でも描いています。『女房たち Ба́бы』(1891) のソフィヤとワルワーラ、『百姓たち
Мужики́』(1897) のマリヤとフョークラがその例ですが、ソフィヤとマリヤが夫の暴力や
舅たちのひどい仕打ちにひたすら耐えるのに対して、ワルワーラとフョークラは運命に
忍従せず、夜に家を抜け出して男と遊んだりしています。特に『女房たち』のワルワーラ
には、アクシーニヤとの類似性があります。器量よしの彼女は貧乏から抜け出したくて、
居酒屋を営む金持ちの家の次男アリョーシャと結婚しましたが、せむしのアリョーシャ
は酒飲みで、夜ごと遊び歩く、ろくでもない男です。チェーホフは 3 作品において、ひと
つの家に住む嫁たちを描き分け、庶民の女たちの生き方を対比的に示しました。

## 第8課 アニーシムとワルワーラ(神についての会話)

— Кто к чему́ приста́влен, мама́ша.

— Да ведь умира́ть на́до? Ой-ой, пра́во, поговори́л бы ты с отцо́м!..

— А вы бы са́ми поговори́ли.

— Н-ну! Я ему́ своё, а он мне, как ты, в одно́ сло́во: кто к чему́ приста́влен. На том све́те так тебе́ и ста́нут разбира́ть, кто к чему́ приста́влен. У бо́га суд пра́ведный.

— Коне́чно, никто́ не ста́нет разбира́ть, — сказа́л Ани́сим и вздохну́л. — Бо́га-то ведь, всё равно́, нет, мама́ша. Чего́ уж там разбира́ть!

Варва́ра посмотре́ла на него́ с удивле́нием, и засмея́лась, и всплесну́ла рука́ми. Оттого́, что она́ так и́скренно удиви́лась его́ слова́м и смотре́ла на него́ как на чудака́, он смути́лся.

— Бог, мо́жет, и есть, а то́лько ве́ры нет, — сказа́л он. — Когда́ меня́ венча́ли, мне бы́ло не по себе́. Как вот возьмёшь из-под ку́рицы яйцо́, а в нём цыплёнок пищи́т, так во мне со́весть вдруг запища́ла, и, пока́ меня́ венча́ли, я всё ду́мал: есть бог! А как вы́шел из це́ркви — и ничего́. Да и отку́да мне знать, есть бог и́ли нет? Нас с малоле́тства не тому́ учи́ли, и младе́нец ещё мать сосёт, а его́ то́лько одному́ и у́чат: кто к чему́ приста́влен. Папа́ша ведь то́же в бо́га не ве́рует. Вы как-то ска́зывали, что у Гунторёва бара́нов угна́ли... Я нашёл: э́то шика́ловскпй мужи́к укра́л; он укра́л, а шку́рки-то у папа́ши... Вот вам и ве́ра!

Ани́сим подмигну́л гла́зом и покача́л голово́й.

語句

да[助](文の先頭に置いて文全体の意味を強める)いったい、まったく　ведь[助](強勢)もちろん、だって～ではないか　ой-ой[間](驚き、痛さなどを表す)ああ　пра́во[挿入語]本当に　поговори́л бы(動詞過去形+бы で接続法。ここでは遠まわしの願望を表す)話をしてくれるといいんだけど　н-ну![間]=ну(驚き、憤慨、皮肉、感嘆などの感情を表す)おやまあ　своё 自分の意見、自分の考え　в одно́ сло́во(言うこと、考えることが)一緒だ　на том све́те あの世で　тебе́(ты の与格。与格で行為の関係するところを表す。ты は、ここでは「君、お前」の意ではなく、人間一般を指す)誰でも　разбира́ть[不完]審理する、詳細に検討する　всё равно́ どっちみち、いずれにせよ　уж[助](強勢)ほんとうに、まったく　там[助](疑問詞 како́й, что, когда́, где, куда́ などに添えて否定・反駁・不可能を強調する)～とはとんでもない、そんなことがあるものか　всплесну́ть рука́ми(驚きや不満の表現として)手を打ち鳴らす

34

日本語訳

「人それぞれに道あり、ですよ、おっかさん」

「でも、(人は)いずれ死ななきゃならないだろう？　ああ、本当に、お前がお父さんと話してくれるといいんだけど！」

「おっかさんが自分で話せばいいでしょう」

「それがさ！　私が考えを言っても、お父さんが私に言うことは、お前とまったく同じさ ― 人それぞれに道ありってね。あの世へ行ったら、人それぞれにどんな道だったか、調べられるよ。神様のお裁きは正しいからね」

「まさか、誰も調べやしませんよ」アニーシムはそう言うと溜息をついた。「神様なんて、どっちみち、いませんからね、おっかさん。調べられるもんですか！」

　ワルワーラは驚いて彼を見ると、笑い出して手を打った。アニーシムは、ワルワーラが彼の言葉に心底驚いて、変人を見るような目で見たので、当惑した。

「たぶん、神様はいるんでしょうが、ただ信仰がないんですよ」と彼は言った。「教会での結婚式の間、私は気分が悪くてね。ほら、めんどりの抱いてる卵を手に取ると、中でひよこがぴよぴよ鳴いてることがありますね。まるであれみたいに私の中で急に良心がぴよぴよ鳴きはじめたんで、私は結婚式の間ずっと考えてましたよ ― 神様はおられるって。ところが教会を出たとたんに、何もなくなった。それに、神様がいるかいないかなんて、どうして私にわかりますか？　小さいころから私たちはそんなことは教わってこなかった。まだ母親のおっぱいを吸ってる赤ん坊のころから、教わったことはたったひとつ―人それぞれ道ありってことだけなんだから。おとっつぁんだって神様を信じちゃいません。おっかさんがいつか、グントレフのとこの羊が盗まれたって話をしたでしょう…。私は見つけ出しましたよ、あの羊はシカロワヤ村の百姓が盗んだんですが、羊の皮はおとっつぁんのところにあった…。ね、信仰っていったってこんなもんですよ！」

語句(つづき)

оттого́, что... (接続詞 что 以下の従属文が理由を表す)～だから　и́скренно[副]心から、心底　смути́ться[完]うろたえる　мо́жет[挿入語]おそらく、たぶん　венча́ть[不完] (教会での儀式によって)結婚させる　не по себе́(無人称述語)(気分・体の具合が)悪い　взять[完](возьмёшь：2人称単数、普遍人称文)手に取る　из-под[前](生格 を伴い)～の下から　пища́ть[不完]ぴよぴよ鳴く　со́весть[女]良心　запища́ть[完]ぴよぴよと鳴きだす　пока́[接]～している間　малоле́тство 子供時代　младе́нец 赤ん坊　соса́ть[不完](сосу́, сосёшь ...)(対格を伴い)～の乳を吸う　ве́ровать[不完](ве́рую, ве́руешь...)(в＋対格を伴い)～の存在を信じる　угна́ть[完](家畜や車を)かっぱらう、盗んで逃げる　найти́[完](過去：нашёл, нашла́...)発見する　укра́сть[完](過去：укра́л, укра́ла ...)盗む　шку́рка 皮　вот вам(тебе́) и ...とんだ(期待はずれの)～だ

35

テクスト解説

① 溢れ出る新しい銀貨

　結婚式から5日後、町へ帰るアニーシムは出立の挨拶をするためにワルワーラの部屋を訪れます。二人の会話の解説に入る前に、披露宴が終わったときにアニーシムが、聖歌隊や楽隊のメンバー全員に新しい50コペイカ硬貨を1枚ずつ配ったことを記しておきます。当時、田舎の婚礼には楽隊の演奏がつき物でした（チェーホフは短編『ロスチャイルドのバイオリン Скри́пка Ро́тшильда』(1894)で、村の楽師を印象深く描いています）。アニーシムの行為は「贈った дари́л」という動詞で表されていますから、50コペイカは日当ではなく、ご祝儀だったのでしょう。新郎自身が派手にご祝儀を配って、ご馳走も音楽も揃っていた豪華な披露宴の仕上げをしたのです。こうして楽隊や聖歌隊に属するたくさんの村人が、ぴかぴかの銀貨を手にしました。アニーシムは家に帰ってきたときに家族にも銀貨をプレゼントしたので、彼の帰郷とともに村には真新しい銀貨が溢れるように現れたことになります。

　グリゴーリーは帰る客たちに、「披露宴には2000ルーブルかかりましたよ」と告げます。彼は息子の婚礼に金を惜しみませんでしたが、その富を作っている彼の商売は、実は人を欺くことの上に成り立っており、馬の売買、商品の仕入れ、人の雇用など万事において人をだましています。日頃このことを苦にしているワルワーラは、アニーシムに向かって、家の商売のあくどさを嘆きます。ここから本課テクストに入ります。

② アニーシムの心情吐露

　お前から父親に意見をしてくれというワルワーラの頼みを、アニーシムは取り合おうとせず、「人それぞれに道あり」と父親の口癖を使って、そっけなく答えます。本書第3課でグリゴーリーは、できのいい長男が家業を継がないことに対して自分を慰めるために、この表現を用いていました。人にはそれぞれ向いている稼業や生き方があるという考え方に立てば、他人だけでなく自分の生き方を認めることも容易です。グリゴーリーは、信心深い妻が店の商品まで持ち出して貧者に施しをするのを是認する一方で、自分は乞食を見ると怒鳴りつけ、商売では相手をだまし続け、そんな生き方をこの考え方で正当化しているのです。彼は子どもたちにもこの考えを叩き込んだので、これはいわばツィブーキン家の家訓になっています。だからアニーシムは何気なく父の口癖を使ったのですが、それに対して義母が、「あの世で神様の正しい裁きが下る」と言うと瞬間的に反発して、「神様なんていない」と口走ります。ワルワーラがその言葉に素朴な驚きを見せたために、旅立ち前の挨拶は思いがけない展開をとげ、神や信仰に関するアニーシムの述懐を引き出します。この人物は決して一面的には書かれていません。彼はこの場面では卑小な存在であることをやめ、真剣に自分の思いを伝えようとしています。彼は、教会での結婚式の最中に自分の内部で良心が目覚めたことを、卵の中で孵化寸前のひよこがぴよぴよ鳴いている様にたとえます。この比喩によって実体化された良心が、アニーシムの思考の中で大きな役割を演じます。まず自分自身に関して、教会では良心がぴよぴよ鳴いたので、「神様はおられる！」と考えていたが、教会を出ると元通りだったと言っています。さらに、「あらゆる災いは、人間に良心が少ないことから来ている」、「一

36

日じゅう歩いたって、良心のある人間にはお目にかかれない」と続きます。こんな内面的な話は、この場面以前のアニーシムのイメージとはそぐわない感じがしますが、ツィブーキン家の中でただひとり信仰と結びついたワルワーラという聞き手を得て、彼は心情を吐露し、隠されていた一面を明らかにするのです。

③ 神の存在に関する対話

このテクストでは「神はいない」、「神はいる」、「信仰がない」、「神はいるのか、いないのか」といった重い言葉が次々に発せられますが、アニーシムの発話として不自然なほど抽象的、形而上的な表現になっているわけではありません。ロシアの小説で登場人物が神や信仰について対話する場面といえば、ドストエフスキーの『カラマーゾフの兄弟』で、イワンとアリョーシャが行う対話が有名です。イワン創作の叙事詩『大審問官』を含み、その深い内容が現在まで尽きることなく論じられている対話との比較には少々無理があるかも知れませんが、アニーシムとワルワーラの対話も究極的には神の存在をめぐる対話なのに、驚くほど簡潔で、平易で、日常的です。しかも、チェーホフは対話を提示しているだけで、地の文でそれを敷衍して論じてはいません。ここにチェーホフ作品の重要な特徴を読み取ることができます。短編『ともしび Огни』(1888)について、親しかった新聞社主スヴォーリンが、「作品内のペシミズムに関する会話もキーソチカの物語も、ペシミズムの問題を少しも進展させていないし、解決していない」と手紙に書いてきたとき、作家は、「神やペシミズムといった問題を解決するのは、小説家の仕事ではありません。小説家の仕事は、誰が、どんな風に、どんな状況で、神やペシミズムについて語ったり考えたりしたかを表現することだけです」(1888年5月30日付け)と返事しました。小説家は「作中人物に光を当てて、彼らの言葉で話す」ことができる才能ある人間でなければならないが、彼の仕事は作中人物の会話を伝えることだけであり、それを評定するのは陪審員、つまり読者の仕事だというのです。25才も年長の出版人に向かって、決して譲れない自分の文学的見解を主張する若い作家の強い自負が感じられる手紙です。『谷間』における神に関する会話は、チェーホフがこの手紙で表明した姿勢を守り通したことを物語っています。

④ ワルワーラの反応

ワルワーラとの会話で感極まったアニーシムは部屋を出て行きますが、すぐに戻ってきて、「私はサモロードフにある事業に巻き込まれて、金持ちになるか破滅するかという瀬戸際なんです。何かあったら、親父を慰めてやってください」と告げます。どこか不安げで、免職になった気配もあるアニーシムの謎が、ここで一部だけ明かされます。ところがそれに対してワルワーラは、「おや、まあ。やれやれ。神様は慈悲深いからね Ну, вот, что там! Ох-тех те... Бог милостив」と、感嘆詞を多用してほとんど無意味ともいえる返事をします(彼女は感嘆詞を多用する癖があり、特に«Ох-тех те...»は口癖になっています)。ワルワーラは信心深くて善良な女ですが、鈍感な一面があり、この場面でも意を決したアニーシムの告白に対して、その内容にふさわしい反応は示していません。ツィブーキン家の中でもっとも折り合いがいいワルワーラとアニーシムの間でも、真のコミュニケーションは成立していないようです。

## 第9課 リーパの変身（ひばりのような女）

Всю́ду, и вверху́, и внизу́, пе́ли жа́воронки. Ани́сим огля́дывался на це́рковь, стро́йную, бе́ленькую — её неда́вно побели́ли, — и вспо́мнил, как пять дней наза́д моли́лся в ней; огляну́лся на шко́лу с зелёной кры́шей, на ре́чку, в кото́рой когда́-то купа́лся и уди́л ры́бу, и ра́дость колыхну́лась в груди́, и захоте́лось, что́бы вдруг из земли́ вы́росла стена́ и не пусти́ла бы его́ да́льше и он оста́лся бы то́лько с одни́м про́шлым

На ста́нции подошли́ к буфе́ту и вы́пили по рю́мке хе́ресу. Стари́к поле́з в карма́н за кошелько́м, что́бы заплати́ть.

— Я угоща́ю! — сказа́л Ани́сим.

Стари́к в умиле́нии похло́пал его́ по плечу́ и подмигну́л буфе́тчику: вот-де како́й у меня́ сын.

— Оста́лся бы ты, Ани́сим, до́ма, при де́ле, — сказа́л он, — цены́ бы тебе́ не́ было! Я бы тебя́, сыно́к, озолоти́л с головы́ до ног.

— Ника́к нельзя́, папа́ша.

Хе́рес был кислова́тый, па́хло от него́ сургучо́м, но вы́пили ещё по рю́мке.

Когда́ стари́к верну́лся со ста́нции, то в пе́рвую мину́ту не узна́л свое́й мла́дшей неве́стки. Как то́лько муж вы́ехал со двора́, Ли́па измени́лась, вдруг повеселе́ла. Боса́я, в ста́рой, поно́шенной ю́бке, засучи́в рукава́ до плеч, она́ мы́ла в сеня́х ле́стницу и пе́ла то́нким серебри́стым голоско́м, а когда́ выноси́ла большу́ю лоха́нь с помо́ями и гляде́ла на со́лнце со свое́й де́тской улы́бкой, то бы́ло похо́же, что э́то то́же жа́воронок.

Ста́рый рабо́тник, кото́рый проходи́л ми́мо крыльца́, покача́л голово́й и кря́кнул.

— Да и неве́стки же у тебя́, Григо́рий Петро́в, бог тебе́ посла́л! — сказа́л он. — Не ба́бы, а чи́стый клад!

---

語句

всю́ду [副] 至る所に　жа́воронок（жа́воронки : 複数主格）ひばり　огля́дываться [不完] /огляну́ться [完] 振り向く　колыхну́ться [完] 軽く揺れる　вы́расти [完]（過去 : вы́рос, вы́росла...）(植物が) 生える、(建物などが) 現れる　пусти́ть [完] 行かせる　про́шлое [中] 過去　подойти́ [完]（過去 : подошёл, подошла́ ...）近づく　хе́рес（хе́ресу : 生格）シェリー酒　поле́зть [完]（過去 : поле́з, поле́зла ...）手を突っ込む　кошелёк（кошелько́м : 造格）財布　умиле́ние（умиле́нии : 前置格）感動　буфе́тчик ビュッフェの主人　-де [助]（他人の言葉の引用であることを示す。ここでは老人の気持ちの表現であることを示している）～というわけだ　цены́ нет（与格を伴い）(～は) 大変貴重だ、値段がつけられない　сыно́к（сын の指小・表愛の形）息子

日本語訳

　いたるところで、上のほうでも下のほうでも、ひばりがさえずっていた。アニーシムは、形が美しくて真っ白な—最近塗りなおしたのだ—教会を振り返り、5日前にあそこで祈ったことを思い出した。緑色の屋根の学校を眺め、水浴や魚釣りをしたことのある小川を眺めると、胸が喜びにうち震えた。いま急に地面から壁が生えてきて行く手をさえぎり、過去だけと共に残れたらいいのにと思った。

　駅に着くとビュッフェに行って、シェリー酒を一杯ずつ飲んだ。老人は勘定のために財布を出そうとポケットに手を突っ込んだ。

「ぼくがおごりますよ」とアニーシムは言った。

　老人は感激して息子の肩を叩き、ビュッフェの主人にウインクした。「どうだい、俺の息子は」というわけだ。

「お前が家に残って、商売をやってくれればなあ、アニーシム」と老人は言った。「お前なら大したものなんだがな。そうすりゃ俺は、お前を頭のてっぺんから足の先まで金ぴかにしてやるのにな」

「どうしてもだめなんですよ、おとっつぁん」

　シェリー酒は酸っぱくて、封蠟の匂いがしたが、二人はあと一杯ずつ飲んだ。

　老人は駅から家に帰ったとき、今度来た嫁を見ても一瞬わからなかった。夫が家から出て行ったとたんに、リーパはがらりと変わって、急にほがらかになった。裸足で、着古したスカートをはき、上着の袖を肩までまくりあげて、入り口の間の階段を洗いながら、鈴を振るような甲高い声で歌を歌っていた。汚れ水の入った大きなたらいを運び出し、あの子供のような笑みを浮かべてお日様を見上げた様子は、ここにもひばりがいるようだった。

　表階段の脇を通りかかった年寄りの使用人は、首を振って喉を鳴らした。

「まったく、グリゴーリー・ペトロフよ、この家の嫁たちは神様からのさずかりものだ」と彼は言った。「ただの女房じゃない、正真正銘の宝だ！」


語句（つづき）

озолоти́ть [完] 金メッキする、金色に彩る　с головы́ до ног 頭のてっぺんから足の先まで　кислова́тый（ки́слый から派生）やや酸っぱい　сургу́ч 封蠟　в пе́рвую мину́ту はじめは　неве́стка 息子の妻、嫁　как то́лько ～するとすぐに　измени́ться [完] 変化する　повеселе́ть [完] 陽気になる　поно́шенный 着古した　засучи́ть [完]（засучи́в：副動詞）まくり上げる　рука́в（рукава́：複数対格）袖　плечо́（плеч：複数生格）肩　се́ни [複] 入り口の間　серебри́стый（鈴を振るような）響きのよい　голосо́к（го́лос の指小形、голоско́м：造格）声　лоха́нь [女] たらい　помо́и [複]（洗濯の後の）汚水　похо́же [無人称述語] ～のようだ　крыльцо́（ロシア家屋の）玄関口、表階段　кря́кнуть [完]（満足そうに）喉を鳴らす　чи́стый 本当の、まぎれのない　клад 宝

テクスト解説

① アニーシムの思考法

　アニーシムはひとりで町へ帰ります。結婚が決まったとき、彼は喜ぶ様子がなく、「彼が結婚するのは明らかに、ただ父親と義母が望んだから、それに家に働き手を迎えるために息子が嫁を取るのが田舎のしきたりだったからだ」と書かれています。結婚したばかりのリーパが夫に同行せず、ツィブーキン家に残るのは、ごく自然なことでした。

　父親が御する馬車で坂道を上りながら、アニーシムは下方に広がる村をたえず振り返って眺めます（ウクレーエヴォは谷間にあるので、出るにも入るにも、村を見下ろす視点が形成されます）。ワルワーラに告白したように破滅の瀬戸際にある彼は、故郷を去りながら、「いま急に大地から壁が生えてきて行く手をさえぎり、過去だけと共に残されたら、どんなにいいだろう」という思いに駆られます。地面からぬっと生えてくる巨大な壁というのは、非常に具体的で想像しやすいイメージです。第 8 課のテクストでは、内なる良心の目覚めが、卵の中で鳴く孵化寸前のひよこに喩えられていました。アニーシムは教会での結婚式の最中にも、「日照りのときに、雨雲がひと粒の雨ももたらさずに村を避けて通ることがあるように、不幸が自分を避けてくれますように」と祈りました。彼は、具体的な物のイメージによって思考する傾向があるようです。ひよこの比喩は、直接話法で伝えられるアニーシムの思考の中にありますが、雨雲と壁の比喩はどちらも地の文に含まれているので、地の文にアニーシムの思考の癖が入り込み、ここでは語り手とアニーシムが融合しているように感じられます。第 6 課で紹介したチェーホフ後期の語りの複雑さ、自在さを表す例です。

② シェリー酒は封蝋の匂い

　駅に到着した父子がビュッフェで飲んだシェリー酒は、封蝋の匂いがしました。現代の私たちは封蝋の匂いと言われてもピンと来ませんが、封蝋が日用品だった当時の人々にとっては、酸化しているうえに封蝋の匂いが移ったシェリー酒というのは、すぐに思い浮かんで苦笑してしまうような、田舎の駅のビュッフェにふさわしいディテールだったのではないでしょうか。チェーホフはこの種の匂いに敏感でした。作品『イオーヌィチ』(1898)の主人公の医者は、毎晩家に帰ると、ポケットから紙幣を引っ張り出して数えるのを楽しみにしています。昼の間に数軒の往診先で受け取ってポケットに突っ込んだ紙幣は、香水、酢、お香、魚油などの匂いがします。色々な匂いがついた、しわくちゃの紙幣は、病院勤務で給料を得ながら個人診療もしてお金を溜め込む主人公の生き方を、象徴的に表しています。作家テレショーフ（1867-1957）が興味深いエピソードを伝えています。1880 年代後半、まだ若かったチェーホフとテレショーフがある結婚披露宴で初めて知り合って、宴会が終わってから数人でお茶を飲みに行ったときのことです。冬の夜明けに、辻馬車の駅者たちが寄る汚らしい居酒屋でお茶を頼んだら、お茶についてきた輪切りのレモンがおそろしく玉ねぎ臭かったというのです。チェーホフはいやがるどころか、「すばらしい！君たちは題材がないって嘆くけど、これこそ題材じゃありませんか。立派に短編の題材になりますよ」と言って、大いに喜んだといいます。1 年に短編を 100 編以上書くほど多作だった青年時代、いつも作品の題材を探し、それを見つけることに無上の喜びを感じていたチェーホフの姿が浮かび上がります。玉ねぎの匂いがするレモンティーも、封蝋の匂いがするシェリー酒と同じく、作家の想像力に強く訴えかけるものを持っていたようです。

③ アニーシムの登場から退場まで

　アニーシムはこのシーンで退場し、以後は姿を見せることはありません。革命前のロ

シアでは民衆の生活は教会と深く結びついていたので、日付を教会暦で表すのが一般的でした。この作品もそれに従っていて、アニーシムの帰省や結婚式の日取りはすべて、正教会の祭日などで表されています。日本の読者には少々わかりにくいので、ここで彼の登場から退場までをたどってみましょう。アニーシムが突然家に帰ってきたのは、マースレニツァ（謝肉祭）が近づいた頃でした。周囲はこの機会を利用して彼の縁談をまとめ、結婚式は Красная Горка の日に行うことが決まります。Красная Горка（直訳すると「赤い丘」）とは、復活祭後の最初の日曜日を指し、聖トマス（ロシア語ではフォマー）の日であることから「フォマーの主日」（主日は日曜のこと）とも呼ばれます。民衆の間では古くから春の訪れを喜ぶ祭日で、結婚式に最適の日とされていました。復活祭は日付が固定されていない移動祭日で、東方教会と西方教会では算定方法が異なり、東方教会では大体4月中旬から5月初めになります。つまり、

> マースレニツァ（1週間）⇒ 大斎期（40日間）⇒ 復活祭（4月半ば～5月初め）
> ⇒ フォマーの主日（復活祭から1週間後）

という順序で、正教の最大の祭日としてクリスマス以上に盛大に祝う復活祭を中心に、春を待ちわびる日々から本格的な春の訪れを喜ぶ日へと移り変わります。マースレニツァの前に帰省したアニーシムが、結婚の相手や日程を決めて、いつ町へ発ったかは明示されていませんが、フォマーの主日に行われる結婚式の3日前にふたたび村に帰ってきて、式の5日後にまた町に戻ります。2か月あまりのこの期間が、ツィブーキン家の運命を大きく変えることになります。

## ④ リーパの鮮やかな変身（ひばりのような女）

　アニーシムとのお見合いの席で初登場したリーパは、ピンク色の服を着て所在なさそうに突っ立っていました。続く結婚式の場面では、華やかな雰囲気に圧倒され、慣れない衣装に締めつけられて、「失神してから意識が戻ったばかり」のような表情をしていました。その後の家での披露宴でもまったく同じ表情をして石のように固まっています。アニーシムはまだ彼女と話をしたことがないので、どんな声をしているのか知らないと書かれています。それからの5日間も、アニーシムの言葉によると「だまりこくって」いるばかり。町へ戻るアニーシムが「じゃあな」と声をかけたときも、曖昧な微笑を浮かべて顔を震わせただけで、返事はしませんでした。つまり、リーパはこれまで一度も声を発していません。ところが、息子を見送って駅から帰ってきたグリゴーリーが見たリーパは、裸足で家の掃除をしながら歌を歌っており、グリゴーリーは最初彼女がわかりませんでした。銀の鈴を振るような歌声が、リーパが物語の中で初めて発した声になります。それは、父子が駅へ行く道中、谷間の上でも下でも至るところで聞こえたひばりのさえずりにも似た声でした。アニーシムが家を出たとたんに、リーパは驚くべき変身を遂げたのです。実は彼女はアニーシムのことが怖くてたまらず、彼がそばに来るだけでぞっとして、骨まで凍える気がしたと、後で知り合いの老人に語っています。本能的な恐怖を呼び起こす夫がいなくなって、リーパは鮮やかに変身しました。「子供のような笑顔」でお日様を振り仰ぐ様子も、まるでひばりのようで、彼女の子供っぽさや無垢さが強調されています。アクシーニヤはマムシに、リーパはひばりに喩えられ、ふたりの嫁の明らかな違いが示されます。しかし、「この家の嫁たちは神様のさずかりものだ」と感嘆する使用人の言葉が、労を惜しまない働き者であるふたりの共通性を語っています。長男にもよい嫁を迎えて、ツィブーキン家はますます栄えると、このときのグリゴーリーは信じ込んでいたことでしょう。

## 第 10 課　工場主と大工、どちらが偉いか（エリザーロフの哲学）

— А на́ши фабрика́нты что-то не в себе́... — сказа́л Елиза́ров. — Беда́! Костюко́в осерча́л на меня́. "Мно́го, говори́т, тёсу пошло́ на карни́зы". Как мно́го? Ско́лько на́до бы́ло, Васи́лий Дани́лыч, сто́лько, говорю́, и пошло́. Я его́ не с ка́шей ем, тёс-то. "Как, говори́т, ты мо́жешь мне таки́е слова́? Болва́н, тако́й-сяко́й! Не забыва́йся! Я, кричи́т, тебя́ подря́дчиком сде́лал!" Э́ка, говорю́, не́видаль! Когда́, говорю́, не́ был в подря́дчиках, всё равно́ ка́ждый день чай пил. "Все, говори́т, вы жу́лики..." Я смолча́л. Мы на э́том све́те жу́лики, ду́маю, а вы на том све́те бу́дете жу́лики. Хо-хо-хо! На друго́й день отмя́к. "Ты, говори́т, на меня́ не гне́вайся, Мака́рыч, за мои́ слова́. Е́жели, говори́т, я что ли́шнее, так ведь и то сказа́ть, я купе́ц пе́рвой ги́льдии, ста́рше тебя́, — ты смолча́ть до́лжен". Вы, говорю́, купе́ц пе́рвой ги́льдии, а я пло́тник, э́то пра́вильно. И свято́й Ио́сиф, говорю́, был пло́тник. Де́ло на́ше пра́ведное, богоуго́дное, а е́жели, говорю́, вам уго́дно быть ста́рше, то сде́лайте ми́лость, Васи́лий Дани́лыч. А пото́м э́того, по́сле, зна́чит, разгово́ру, я и ду́маю: кто же ста́рше? Купе́ц пе́рвой ги́льдии и́ли пло́тник? Ста́ло быть, пло́тник, де́точки!

Косты́ль поду́мал и доба́вил:

— Оно́ так: де́точки. Кто тру́дится, тот и ста́рше.

語句

что́-то［副］なんだか、どういうものか　не в себе́ 狼狽している、気が動転している беда́［述語］災難だ、困ったことだ　осерча́ть［完］腹を立てる　тёс(тёсу : 生格)薄板 пойти́［完］(на＋対格を伴い)～に使われる、利用される　карни́з コーニス、軒蛇腹(建物の外壁や内壁の上部に取り付けられた帯状の装飾)　сто́лько(従属節のско́лькоと連関させて)～ほど、～だけ　ка́ша 粥、カーシャ(穀類を水や牛乳で煮たロシアの伝統料理)болва́н ばか、間抜け(罵言) тако́й-сяко́й［代］ろくでなし　забыва́ться［不完］自制心を失う、我を忘れる　подря́дчик 請負人(請負契約で所定の仕事をする人)　э́ка［助］いやはや　не́видаль［女］見たこともないもの、いまだかつてなかったこと　в［前］(活動体名詞の複数前置格を伴い、資格を表す) ; не́ был в подря́дчиках 請負人ではなかった жу́лик ペテン師　смолча́ть［完］(侮辱などに対して)抗弁を控える、口をつぐむ

日本語訳

「ここらの工場主たちは何だか落ち着かなくてな」とエリザーロフが言った。「困ったもんだ。コスチュコーフがこの俺に腹を立ててな。『多いな、蛇腹に使う板が』って言うのさ。『多いって？　要るだけ使ったんでさ、ワシーリー・ダニールイチ』と言ってやった。『粥に入れて食ったりしてませんぜ、板なんぞ』ってな。すると言ったね―『きさま、よくも俺にそんな口が利けるな。このまぬけ、ろくでなし！　身の程を知りやがれ！　俺がお前を請負人にしてやったんだぞ！』だとさ。『いやはや、とんでもねえこった！』と言ってやった。『俺は請負人じゃなかったときも、毎日お茶は飲んでましたぜ』ってさ。『お前ら、みんなペテン師だ…』って言われて、俺は口をつぐんだよ。俺たちがこの世でペテン師なら、と俺は考えた。あの世じゃあんたたちがペテン師だろうさ、ハハハってもんだ。次の日は向こうから折れてきた。『お前なあ、マカールイチ、俺の言葉に腹を立てるんじゃないよ。俺が何か余計なことを言ったとしても、そりゃ当然だろ、俺は第一ギルドの商人で、お前より偉いんだぜ。お前は口答えしちゃならねえ』って言うから、こう答えたね。『お前様は第一ギルドの商人で、俺は大工、その通りでさ。そして聖ヨセフ様も大工だった。大工ってのは、まっとうな、神様の御心にかなった稼業ですぜ。もしもお前様が自分が偉い方がいいんなら、どうぞ御自由に、ワシーリー・ダニールイチ』って言ったんだ。その後で、つまりこの話をした後で俺は考えたよ、一体どっちが偉いのか、第一ギルドの商人か、それとも大工か？　決まってるさ、大工だよ、子供たち！」

　「松葉杖」はちょっと考えてから、付け足した。

　「そうういうことさ、子供たち。働く者のほうが偉いのさ」


語句（つづき）
хо［間投詞］(皮肉、驚きなどを示す)ほう、へえ　на друго́й день 翌日　отмя́кнуть［完］(過去：отмя́к, отмя́кла …) 軟化する、態度を和らげる　гне́ва́ться［不完］(на＋対格を伴い)～に腹を立てる　е́жели (＝е́сли) もしも(俗・廃)　что ли́шнее 何か余計なこと　и то сказа́ть それももっともだ、無理はない　купе́ц 商人　ги́льдия ギルド(帝政時代の商人の身分組織)　ста́рше (ста́рый の比較級。生格を伴い)～より偉い、～より身分・階級が上である　пло́тник 大工　пра́ведный 敬虔な、戒律に忠実な、(宗教的に)正しい　богоуго́дный 神の意にかなっている　уго́дно［無人称述語］好ましい、都合がいい　ми́лость［女］親切；Сде́лайте ми́лость. どうぞ(いいですよ)、(皮肉に)どうぞお願いします、いいですとも　разгово́ру ＝ разгово́ра (生格)　ста́ло быть したがって、つまり　труди́ться［不完］働く

## テクスト解説

### ① 7月8日金曜日のできごと

全体が9章で構成される『谷間』の第5章、つまり作品の真ん中にある章からのテクストです。この章は「7月8日の金曜日に 8 ию́ля, в пя́тницу」とはじまります。唐突な出だしに感じられますが、実は日付も曜日もそれぞれに意味を持っています。7月8日は、ロシア正教会の数あるイコンの中でもとりわけ崇拝されるカザン生神女(聖母)のイコンの発見を祝う祭日です**＊**。農民たちは、たとえば使徒ペトロとパウロの祭日(旧暦6月29日)に草刈りを始めるというように、正教の祭日を1年の農作業進行の目安にしていました。カザン生神女の祭日は夏と秋の2回あり、「夏のカザン生神女の日 Каза́нская ле́тняя」は、ライ麦の刈り取り開始の目安になっていました。当時ロシアで使われていたのはユリウス暦で、現在のグレゴリオ暦より13日遅れていましたから、旧暦7月8日は現在だと7月21日、夏の早い北国ロシアでは農作業たけなわの時期です。リーパたちがウクレーエヴォ村に近づくと、谷の斜面に刈り取ったライ麦が見えてきます。積み重ねて山にしたもの、束ねたもの、刈って並べただけの列もあり、いかにも取り入れを待っているようです。ところがその日は金曜日ですから、「きょうは祭日、明日の土曜にライ麦を取り入れて干草を運ぶと、翌日は日曜日で、また祭日」であり、日曜と祭日は働かないという宗教上の決まりにより、働ける日は限られています。畑を眺める人々が雨を心配し、穀物の取り入れが無事に終わるように神に祈り、祭日を楽しみながらも心中に不安を覚えているのは、そうした事情からです。しかも、「麦刈り人足も高くなって、日当が1ルーブリ40だってさ！」と、日雇いで暮らしてきたプラスコーヴィヤが言うように、人足の賃金も高騰しています。ツィブーキン家ではよその村から麦刈り人足を雇っていますが、昨日の日当を払っていないので、人足たちには不満が募っています(明日の土曜日に働かせるために、日当を払わないことで彼らを引き留めるという、グリゴーリーらしい強引で姑息なやり方)。リーパたちが谷間の上から眺めたとき、村は夕日に照らされ、美しい農村風景が広がっていましたが、様々な種類の心配や不穏も広がっていたのです。

**＊** 伝承によると、1579年7月8日、聖母のお告げの夢を見た少女によって、カザンでイコンが発見されました。このオリジナルのイコンの運命は不明ですが、モスクワとペテルブルグのカザン聖堂をはじめ、ロシア中の多くの教会に複製のイコンが祭られています。ちなみに、聖母のことをロシア語では《богоро́дица 生神女》と言います。

### ② 第一ギルドの商人と大工、どちらが偉いか

祭日に遠くの教会へ参詣して、市も楽しんできたリーパと母親は、請負大工のエリザーロフと連れ立って村へ帰ります。彼はすでに結婚披露宴の客として登場していました。背が高くて痩せぎすなため、「松葉杖 Косты́ль」というあだ名で呼ばれています。40年以上も修繕の仕事をしてきたせいか、人でも物でも堅牢さの観点からしか見ない、ちょ

っと変わった老人です。工場と契約を結んで修繕仕事をする請負人ですから、貧乏ではないはずなのに、自分の馬は持たず、パンと玉ねぎの入った袋だけを持って、どこにでも徒歩で出かけます。アニーシムが家を去ったとたんに声を発して、ひばりのように歌いだしたリーパは、このシーンではさらに進化して長いおしゃべりをします。彼女は嫁入り先のツィブーキン家について、「暮らしは贅沢だけど、あの家は怖いの、イリヤー・マカールィチ。ほんとうに怖いのよ！」と、子供っぽい口調で訴えます。最初はアニーシムが、今はアクシーニヤが怖くてたまらないというのです。具体的な根拠のない本能的な恐怖を訴えるリーパと、それを聞くエリザーロフが共有する純真さと無垢が、ツィブーキン家と対極的なものとして浮かび上がるシーンです。

　一方エリザーロフは、更紗工場の工場主コスチュコーフのことを話します。修繕の材料をめぐるやり取りの後に、コスチュコーフが「俺は第一ギルドの商人で、お前より偉いんだから、お前は口答えしちゃならない」と言ったというのです。商人 купéц は革命前の身分の一つで、規模の大きな卸の商売をしている人や貿易業者、それに工場経営者も含まれていたので、商売人というよりは実業家、企業家に当たると考えてもいいでしょう（規模の小さな小売の商売人は、町人 мещанúн という別の身分でした）。世襲で無条件になれるわけではなく、所定のお金を納めてギルドに属することが、この身分を得る条件でした。かなりの金額を毎年納める代わりに人頭税が免除されていたので、半ば特権階級と位置づけられます。1897 年に行われた人口調査によれば、商人階級は約 28 万人、総人口のわずか 0.22％でした。商人の数は、時代によってかなり変化しました。ギルドはこの時代には二つあって、第一ギルドの方が資本の大きい富裕なグループでした。ある資料によると、20 世紀初頭に第一ギルドの商人が 3 万人、第二ギルドが 40 万人でした。確かにコスチュコーフは、少数しかいない半特権的な商人の中でも特に富裕な部類に属していたのです。エリザーロフは町人か農民の身分だと考えられるので（農業に携わっていなくても、身分は農民の者もいました）、コスチュコーフは自分の方が偉いことに疑いを持ちません。しかし、第一ギルドの商人が大工より偉いという現世的な考え方は、大工は神の御心にかなった職業だと考えるエリザーロフには通じません。働く者の方が偉いという彼の価値観は、階級による不平等が大きかった時代に、現在よりもなお共感を呼ぶものだったでしょう。『谷間』が発表されてまもなく、農民たちにこの作品を読み聞かせたゴーリキーは、「彼らには〈松葉杖〉が、えらく気に入りました」とチェーホフに手紙で知らせています。この作品には、主な筋書きとは関わりのない副次的な人物が、人生観や人間観を直接話法で語るシーンがいくつかあります。平民の哲学とも言えるそれらの思想を、作家は提示するだけで、それへの判断を示してはいませんが、抒情的な自然描写を伴うそれらのシーンは、作品の大きな魅力となっています。

# 第11課 アニーシムの投獄（ツィブーキン家の変化）

Давно́ уже́ пришло́ изве́стие, что Ани́сима посади́ли в тюрьму́ за подде́лку и сбыт фальши́вых де́нег. Прошли́ ме́сяцы, прошло́ бо́льше полуго́да, мину́ла дли́нная зима́, наступи́ла весна́, и к тому́, что Ани́сим сиди́т в тюрьме́, привы́кли и в до́ме и в селе́. И когда́ кто-нибудь проходи́л но́чью ми́мо до́ма и́ли ла́вки, то вспомина́л, что Ани́сим сиди́т в тюрьме́; и когда́ звони́ли на пого́сте, то почему́-то то́же вспомина́лось, что он сиди́т в тюрьме́ и ждёт суда́.

Каза́лось, бу́дто тень легла́ на двор. Дом потемне́л, кры́ша поржа́вела, дверь в ла́вке, оби́тая желе́зом, тяжёлая, вы́крашенная в зелёный цвет, пожу́хла, и́ли, как говори́л глухо́й, "зашкору́бла"; и сам стари́к Цыбу́кин потемне́л как бу́дто. Он давно́ уже́ не подстрига́л воло́с и бороды́, обро́с, уже́ сади́лся в таранта́с без подско́ка и не крича́л ни́щим: "Бог дасьть!" Си́ла у него́ пошла́ на у́быль, и э́то бы́ло заме́тно по всему́. Уже́ и лю́ди ме́ньше боя́лись, и уря́дник соста́вил в ла́вке протоко́л, хотя́ получа́л по-пре́жнему что сле́дует; и три ра́за вызыва́ли в го́род, что́бы суди́ть за та́йную торго́влю вино́м, и де́ло всё откла́дывалось за нея́вкой свиде́телей, и стари́к заму́чился.

Он ча́сто е́здил к сы́ну, нанима́л кого́-то, подава́л кому́-то проше́ния, поже́ртвовал куда́-то хору́гвь. Смотри́телю тюрьмы́, в кото́рой сиде́л Ани́сим, он поднёс сере́бряный подстака́нник с на́дписью по эма́ли "душа́ ме́ру знает" и с дли́нной ло́жечкой.

語句

посади́ть[完]（監獄に）入れる　тюрьма́ 監獄　подде́лка 偽造　сбыт 不法販売、（偽札などの）不法使用　фальши́вый 贋の　мину́ть[完]過ぎる　наступи́ть[完]（時節・季節が）やってくる、はじまる　привы́кнуть[完]（過去：привы́к, привы́кла ...）（к＋与格を伴い）〜に慣れる　сиде́ть[不完]（ある場所に）いる；入獄している　звони́ть[不完]鐘を鳴らす　пого́ст（村の）墓地　вспомина́ться[不完]思い出される　бу́дто[接]〜のように　лечь[完]（過去：лёг, легла́ ...）（影が）下りる、差す　потемне́ть[完]暗くなる、黒ずむ　поржа́веть[完]錆びる　оби́ть[完]（оби́тая：被動形動詞過去・女性主格）打ち付ける、張る　вы́красить[完]（вы́крашенная：被動形動詞過去・女性主格）塗装する　пожу́хнуть[完]（過去：пожу́х, пожу́хла ...）色あせる　зашкору́бнуть＝заскору́знуть[完]ざらざら・がさがさになる　как бу́дто まるで〜のようだ　подстрига́ть[不完]（髪などをはさみで）少し切る、刈り込む　борода́ あごひげ

46

## 日本語訳

　アニーシムが贋金作りとその使用の咎[とが]で投獄されたという知らせは、ずっと前に届いた。数か月がたち、半年以上がたち、長い冬が過ぎ、春がやってくると、アニーシムが監獄にいるということに、家でも村でも慣れてしまった。そして人は夜遅くこの家や店の脇を通りかかると、アニーシムが監獄にいることを思い出した。また墓地で鐘が鳴るとき、なぜか彼が監獄にいて裁判を待っていることが思い出された。

　まるでこの屋敷に影が差しているように感じられた。家は黒ずんで、屋根は錆び付き、緑色に塗られた鉄張りの重い扉も色褪せて、耳の悪い次男の言い方だと「ざらざらになった」。それに老ツィブーキンその人までが、黒ずんだような感じがした。彼はもうずっと前から髪やひげを切らなくなって、毛が伸び放題になり、今では馬車に乗るときもジャンプはせず、乞食たちに向かって「神様にもらうがいい」と怒鳴りもしなかった。彼の力は衰えてきて、それはすべてに見て取れた。人々はもはや以前ほど彼を怖がらず、巡査は、相変わらず貰うものは貰っていながら、店で調書を作った。酒の密売に対する裁判のために町に3回呼び出されたが、証人が出頭しないために裁判はいつも延期され、老人はへとへとになった。

　彼は頻繁に息子を訪ね、誰かを雇ったり、誰かに請願書を書いたり、どこかに教会旗を寄進したりした。アニーシムが収監されている監獄の看守には、エナメルで「魂は節度を知る」という銘を入れた銀製のコップ受けに柄の長いスプーンをつけて贈った。

## 語句（つづき）

обрасти́[完]（過去：обро́с, обросла́ ...）（毛で）覆われる　таранта́с 旅行用の有蓋四輪馬車　подско́к 軽いジャンプ　ни́щий[男]乞食　дасьть：дать[完]の3人称単数дастのなまったもの　у́быль[女]減少；пойти́ на у́быль 減り始める　уря́дник 巡査　соста́вить[完]作成する　протоко́л 調書　хотя́[接]〜だけれども　по-пре́жнему[副]以前と同様に　疑問詞+сле́дует しかるべき；что сле́дует しかるべきもの　вызыва́ть[不完]呼び出す　суди́ть[不完]裁く　торго́вля（造格を伴い）〜の販売　откла́дываться[不完]延期される　нея́вка 来ないこと、出頭しないこと　свиде́тель[男]証人　заму́читься[完]疲労困憊する　нанима́ть[不完]雇う　поже́ртвовать[完]寄付する、寄進する　хору́гвь[女]教会旗（十字架行列などに使う、キリストや聖人を描いた旗）　смотри́тель[男]監視人、看守　подстака́нник コップ受け　на́дпись[女]上書き、銘　эма́ль[女]エナメル、ほうろう　ме́ра 節度　ло́жечка（ло́жкаの指小形）（小さい）スプーン

テクスト解説

① アニーシムの贋金つくり

　第10課のテクストに続く部分で、エリザーロフはツィブーキン家に驚くべきニュースを伝えました。ウクレーエヴォ村の男が定期市でつかったお金が贋金だとわかり、出所を聞かれて、婚礼のときにアニーシムにもらったと証言したというのです。これを聞いてグリゴーリーが息子から贈られた銀貨を調べると、やはり贋金だったので、アクシーニヤに井戸に捨てるように命じます。ところが、彼女はそのお金を、麦刈りの日当を要求していた農夫たちに渡しました。アニーシムが持ってきた真新しい銀貨はすべて贋金で、それがツィブーキン家からさらに流出したのです。アニーシムは町に去るとき、「私はサモロードフにある事業に巻き込まれている」とワルワーラに告白しましたが、その事業とは贋金つくりだったことが、ここで明らかになります。当時、贋金つくりは珍しい犯罪ではありませんでした。チェーホフは『サハリン島』の13章と21章で、偽札事件で流刑になった囚人たちのことを書いています。その中の一人は、偽札を作って一日に300ルーブリも稼いでいたと語ります。さらに、外国船の荷役にかり出された囚人は、そこでタバコや酒を手に入れるが、たいていは贋金で支払っているという記述もあり、偽札作りは流刑地でさえ横行していたことがうかがえます。サハリンで囚人調査をした作家の経験が、アニーシムの加担した犯罪に生かされています。

　また、この時代にはある事情によって、硬貨に関心が集まっていました。1892年から1903年まで大蔵大臣を務めたウィッテは、工業化のために積極的な外資導入策を取り、1897年に金本位制を導入して、外資が流入しやすい条件を整えました。このとき、それまでの銀貨に代わって金貨が正貨と定められ、金貨が鋳造されたのです。アニーシムが偽造したのは、当時話題を集めた10ルーブルなどの高額金貨ではなく、1ルーブルや50コペイカの銀貨でしたが、真新しいコインが人々の関心を集めていた時代の象徴であることには違いがありません。ツィブーキン家のウォトカ密売と同じく、アニーシムの硬貨偽造にも、当時の政治・社会状況が密接に関係しています。アニーシムは町の暮らしについて、「追善供養の料理がひとり前2ルーブリ半」、「知人とちょっと飲むと、ひとり前が3、4ルーブリ」と話していました。一方、村では、重労働である麦刈りの日当が1ルーブル40コペイカ、女たちが煉瓦を駅に運んで貨車に積み込む日当が25コペイカと紹介されていて、それらと比べると、アニーシムの生活は非常に物入りだったことがわかります。犯罪捜査にあたる警察官だったアニーシムは、現金が必要な町暮らしの中で仲間と付き合ううちに、自分自身が贋金つくりという犯罪に引き込まれていったのです。

② 極限の簡潔さ（叙述の特徴）

このテクストには、チェーホフの創作に共通するいくつかの特徴が読み取れます。アニーシムの逮捕は作品のプロットの中心となる事件ですが、チェーホフはそれについて詳細には伝えていません。誰が贋金つくりの首謀者で、どこでどんな風に行っていたのか、誰がいつ逮捕されたのかなど、具体的なことは何も叙述されません。チェーホフの後期の戯曲には、事件が舞台上で起こらないという特徴があることがよく指摘されます。たとえば『かもめ』では、トレープレフの自殺未遂も最後の自殺も舞台の外で起こります。筋書きの進展にとって重要なニーナの家出、彼女の出産と赤ん坊の死も直接的には描か

48

れず、「第3幕と第4幕の間に2年経過」という1行のト書きで表された期間に起きたこととして、トレープレフが回顧的に語ります。この手法が『谷間』でも用いられ、アニーシムの逮捕は、かなり前に届いた知らせとして回顧的に示されます。このように事件を直接的に描かない手法が、チェーホフの作品に漂う独特の静けさにつながっていると考えられます。さらに、作品で用いられている語彙や文体の平易さも、同じ効果をもたらしていると言えるでしょう。テクスト中の「数か月が経過し、半年以上が経過して、長い冬が過ぎ、春がやってくると… Прошли́ ме́сяцы, прошло́ бо́льше полуго́да, мину́ла дли́нная зима́, наступи́ла весна́…」という表現に注目してください。チェーホフの文体は年を経るほど簡潔になっていき、後期の作品では特に時間の経過について極度に単純な文が見られます。たとえば『イオーヌィチ Ио́ныч』(1898) には、「4年たった Прошло́ четы́ре го́да.」、「それからまた何年か過ぎた Прошло́ ещё не́сколько лет.」という文、生涯最後の短編小説『いいなずけ』(1903) には、「秋が過ぎ、続いて冬が過ぎた Прошла́ о́сень, за ней прошла́ зима́.」、「5月が過ぎて、6月になった Прошёл май, наста́л ию́нь.」という文があります。時間表現のみならず、全体としてもチェーホフ後期の文体は、修飾をそぎ落として、極限まで簡潔になっています。チェーホフの最大の特徴を「簡素さや自然さ」に見出したメレシコフスキーは、「チェーホフの簡素さは、時には気味悪くなるようなものだ。この道をもう一歩進むと、芸術の終わり、生そのものの終わりだという気がする。簡素さが虚無に、そして非在になる」と述べています（これは1906年発表の論考で、1905年発表のシェストフによる有名なチェーホフ論『虚無よりの創造』との共通性が感じられます）。一方、「チェーホフの語彙は貧弱で、言葉の結びつきはほぼありふれている」と書いたナボコフは、「言葉の技術に特に秀でていなくても、自分の文章の描く曲線に特にこだわらなくても、作家は完全な芸術家になれると説明したいときに、チェーホフは格好の見本である」と付け加えました。チェーホフの語彙と文体の平易さ、簡素さは、誰もが認めるところですが、それをどう解釈するか、どう感じるかは、受け手によって違うことがわかります。

③ 作品の構成

　本課のテクストは第6章の冒頭の文章です。『谷間』は全部で9章から成り、以下のような構成になっています（原文には「章」にあたる語はなく、数字だけが置かれています）。

　第1章：プロローグ。ウクレーエヴォ村とツィブーキン家の紹介。

　第2章〜第4章：アニーシムが突然帰省してから、リーパとのお見合い、結婚式を経て、ふたたび町へ去るまで。アニーシムはずっと何か大きな悩みを抱えている。

　第5章：その年の7月8日の祭日のできごと。結婚式の際にアニーシムが大量に村に持ちこんだコインが贋金だったことが発覚。

　第6章〜第8章：アニーシムの逮捕と裁判がツィブーキン家に巻きおこした波紋と、それが元で起きた大事件。

　第9章：エピローグ。事件が発生してから3年後。

　こうして見ると、『谷間』は非常に整然とした構造を持っています。真ん中の第5章が構成の要で、この章でアニーシムの抱えていた秘密が白日のもとに晒され、これ以後ツィブーキン家は大きな変化を経験します。

## 第12課 リーパと赤ん坊（3人の女たちのその後）

Она́ то́же была́ огорчена́, но пополне́ла, побеле́ла, по-пре́жнему зажига́ла у себя́ лампа́дки и смотре́ла, чтобы в до́ме всё бы́ло чи́сто, и угоща́ла госте́й варе́ньем и я́блочной пастило́й. Глухо́й и Акси́нья торгова́ли в ла́вке. Зате́яли но́вое де́ло — кирпи́чный заво́д в Бутёкине, и Акси́нья е́здила туда́ почти́ ка́ждый день, в таранта́се; она́ сама́ пра́вила и при встре́че со знако́мыми вытя́гивала ше́ю, как змея́ из молодо́й ржи, и улыба́лась наи́вно и зага́дочно. А Ли́па всё игра́ла со свои́м ребёнком, кото́рый роди́лся у неё пе́ред посто́м. Это был ма́ленький ребёночек, то́щенький, жа́лкенький, и бы́ло стра́нно, что он кричи́т, смо́трит и что его́ счита́ют челове́ком и да́же называ́ют Ники́фором. Он лежа́л в лю́льке, а Ли́па отходи́ла к две́ри и говори́ла кла́няясь:

— Здра́вствуйте, Ники́фор Ани́симыч!

И бежа́ла к нему́ о́прометью, и целова́ла. Пото́м отходи́ла к две́ри, кла́нялась и опя́ть:

— Здра́вствуйте, Ники́фор Ани́симыч!

А он задира́л свои́ кра́сные но́жки, и плач у него́ меша́лся со сме́хом, как у пло́тника Елиза́рова.

Наконе́ц был назна́чен суд. Стари́к вы́ехал дней за пять. Пото́м, слы́шно бы́ло, из села́ погна́ли мужико́в, вы́званных свиде́-телями; вы́ехал и ста́рый рабо́тник, получи́вший то́же пове́стку.

語句

огорчённый（огорчена́ 短語尾女性）悲しんでいる　пополне́ть［完］太る　побеле́ть［完］白くなる　зажига́ть［不完］（火を）ともす　лампа́дка（лампа́дки : 複数対格）灯明　угоща́ть［不完］（対格と造格を伴い）～に（対格）～を（造格）ご馳走する　варе́нье 果物の砂糖煮、ジャム　я́блочный りんごの　пастила́ パスチラ（果物と卵白で作った菓子）зате́ять［完］思いつく、企画する　пра́вить［不完］運転・操縦する　знако́мый［男］（знако́мыми : 複数造格）知人　вытя́гивать［不完］伸ばす　рожь［女］（ржи : 生格）ライ麦　улыба́ться［不完］ほほ笑む　зага́дочно［副］謎めいて、不可解に　пост 精進、斎戒期　ребёночек（ребёнокの指小形）赤ん坊　то́щенький ひどくやせた　жа́лкенький 哀れっぽい　счита́ть［不完］（счита́ют : 3人称複数。不定人称文）（対格と造格を伴い）～を（対格）～と（造格）みなす、認める

日本語訳

　彼女*も悲しんではいたが、太って色白になり、相変わらず自分の部屋で灯明をともし、家の中がすべて清潔であるように気をつけ、客たちにジャムやパスチラをふるまっていた。耳の悪い次男とアクシーニヤが店で商売をやっていた。新事業としてブチョーキノの煉瓦工場が企てられ、アクシーニヤはほとんど毎日、馬車でそこへ通った。彼女は自分で馬車を御して、知人と会うと、新芽の出たライ麦畑にいるヘビのように、すっと首を伸ばして、あどけなくて謎めいた笑みを浮かべるのだった。リーパの方はいつも、精進期の前に生まれた自分の赤ん坊と遊んでいた。とても小さな赤ん坊で、痩せて哀れっぽかった。この子が泣きわめいたり、じっと見つめたりするのは不思議な気がした。それにこの子が人間とみなされて、ニキーフォルという名前まで付けられているのも不思議だった。彼が揺りかごにいると、リーパはドアのほうへ遠ざかり、お辞儀をしながら話しかける。

「こんにちは、ニキーフォル・アニーシムィチ！」

　それから一目散に赤ん坊のところへ駆け寄って、キスをする。その後、またドアのところまで離れてから、またお辞儀をして、

「こんにちは、ニキーフォル・アニーシムィチ！」と呼びかける。

　小さな赤ん坊は赤い足を宙に上げた。その泣き声は、大工のエリザーロフと同じように、笑い声と混ざっていた。

　とうとう裁判の日が指定された。老人は5日ほど前に出かけて行った。その後、証人として呼び出された農民たちが村から連れて行かれたという話が伝わってきた。年寄りの使用人もやはり召喚状を受け取って、出かけていった。

＊注：ワルワーラを指す

語句（つづき）
называа́ть［不完］（называа́ют：3人称複数。不定人称文）（対格と造格を伴い）〜を（対格）〜と（造格）呼ぶ　лю́лька 揺りかご　отходи́ть［不完］（歩いて）離れる、遠ざかる　кла́няться［不完］（кла́няясь：副動詞）お辞儀する　о́прометью［副］いちもくさんに、まっしぐらに　целова́ть［不完］キスをする　задира́ть［不完］（頭や手足）上げる、もたげる　но́жка（нога́の指小形）足、あんよ　плач 泣き声　меша́ться［不完］混ざる　смех 笑い、笑い声　назна́чить［完］（назна́чен：被動形動詞過去・短語尾男性）指定する　суд 裁判　слы́шно［無人称述語］聞こえる　погна́ть［完］行かせる　вы́звать［完］（вы́званных：被動形動詞過去・複数対格）呼び出す　получи́ть［完］（получи́вший：能動形動詞過去・男性主格）受け取る　пове́стка 召喚状

テクスト解説

① ワルワーラとアクシーニヤ

　アニーシム逮捕のショックで威勢のよさを失ったグリゴーリーは、それでも息子のために奔走しました。息子に面会に行ったり請願書を出したりするのは当然の行動ですが、教会に旗を寄進したり、監獄の看守に贈り物をしたりと、思いつくことは何でもやります。教会旗も贈り物の銀製のコップ受けも、高価な注文品です。グリゴーリーは意気消沈していても、金に糸目をつけず、彼らしいやり方で息子のために走り回りました。

　さて、その間にツィブーキン家の他のメンバーは何をしていたかを伝えるのが、本課のテクストです。ワルワーラは義理の息子の逮捕を悲しんではいますが、悲嘆に暮れているわけではなく、体重が増えて色白になり、どちらかと言えば満ち足りた様子です。息子が逮捕され、夫が衰えてきても、普段と変わらず家の整頓や客の接待に気を配るのが彼女らしいところです。チェーホフの作品『すぐり Крыжóвник』(1898) では、地主屋敷を買うという生涯の夢を実現させた男が、自分の土地ではじめて実ったすぐりを夢中になって味わう様が描かれています。固くて酸っぱいすぐりを恍惚の表情でむさぼり食う姿を見て、その男の兄にあたる獣医は、絶望感に襲われます。周囲に蔓延する「貧乏、窮屈、退化、泥酔、偽善、虚偽」に気づかず、自分の小さな幸福に満足しきっている弟の姿が、獣医に嫌悪を催させるのです。『谷間』でワルワーラが客にジャムをふるまう姿に、彼女の親切さのみならず、幸福で満ち足りた人間のエゴイズムを読み取ることもできます。ジャムは作品中の3箇所で言及され、いずれもワルワーラと結びついています。まずワルワーラはリーパに、いくらでもジャムを食べさせてくれます（第5章）。長男が監獄に行っても客にジャムをふるまい続け(第6章)、ついには食べきれずに始末に困るほど溜め込みます（第9章）。ワルワーラのジャムは、作品『すぐり』のすぐりの実と同様に、満ち足りた人間を表す象徴的な役割を担っています。なお、варéньеという単語はジャムと訳しましたが、日本のジャムほど長く煮こまないで、果物の形が保たれたものです。これをお茶うけにしてスプーンで一口食べては、砂糖抜きの紅茶をすするという味わい方が、ロシアでは昔から好まれています。

　アクシーニヤとステパーンは家の商売を続け、アクシーニヤは念願の煉瓦工場建設に踏み切ります。家族が分かれて事業をするのを許さなかったグリゴーリーが長男のことで奔走している間に、彼女は自分自身で事業を始めました。ここでもアクシーニヤに対して蛇の比喩が繰り返されています。

② リーパと赤ん坊

　第5章から第6章の間に約1年が経過して、リーパには子供が生まれています。「とても小さな赤ん坊で、痩せて哀れっぽかった。Это был мáленький ребёночек, тóщенький, жáлкенький.」という文は、赤ん坊が小さいことを最大限に強調しています。事物を表す名詞に、小さいことを示す接尾辞がつくと指小名詞が派生します。ロシア語では指小形がとても発達しています。ребёночекは、もともと指小名詞を作る接尾辞-окが含まれているребёнокという単語から派生して、-очекという複合的な接尾辞をつけていますから、この語だけで非常に小さい感じを与えます。мáленькийにも、тóщийとжáлкийから

52

派生した **то́щенький** と **жа́лкенький** にも形容詞の指小形を作る接尾辞 **-еньк-** が含まれています。指小形容詞は、形容詞の意味が弱まることはなく、感情がこもって逆に意味が強くなります。つまり、**то́щенький**、**жа́лкенький** は、赤ちゃんが非常にやせていて、非常に哀れっぽいことを示しています。日本語では伝わりにくい指小形の表現力を、この文で味わってください。このように、チェーホフは指小形を効果的に使うことに長けていました（コラム参照）。

　この小さな赤ん坊に、リーパは「ニキーフォル・アニーシムィチ」と名前と父称で呼びかけます。赤ん坊に敬意をこめた呼びかけをしては何度も駆け寄ってキスをして、有頂天の喜び、心底からの愛情を表しています。ワルワーラはアニーシムの逮捕を悲しがっていると書かれていますが、リーパは夫が逮捕されたという認識さえないようです。彼女は自分がツィブーキン家の跡継ぎを生んだことも、赤ん坊の父が監獄にいることも、まったく意識しておらず、ただ夢中で赤ん坊と遊んでいます。その姿は、子供のように無垢で単純そのものです。そしてワルワーラが後で言うように、「愚か」でもあります。逮捕されたアニーシムを本気で案じているのはグリゴーリーだけで、ツィブーキン家の他の人々は、家事や新事業、赤ん坊など、それぞれの関心事に没頭しています。

## コラム：指小形の氾濫 ―『可愛い女』―

　チェーホフの短編の中でもよく知られている『可愛い女　Ду́шечка』(1899) では、名詞や形容詞の指小形が多用されています。Ду́шечка という題名からして、心や魂を意味する душа́ の指小形で、若い娘や子供への呼びかけの言葉です。愛しさをこめて «Ду́шечка» と呼びかけたくなるような魅力を持ったヒロインは、オリガ О́льга という名前ですが、いつでも（地の文でさえ）オーレンカ О́ленька と指小形で呼ばれます。彼女は恋愛や結婚を繰り返しますが、そのたびに相手を過度な指小表現で呼びます。最初の夫の名イワン Ива́н は、夫婦や友人ならワーニャ Ва́ня と呼ぶのが一般的ですが、オーレンカは表愛の意が一段と強い指小形ワーニチカ Ва́ничка を使います。これは「イワンちゃん」と訳しても足りないくらい、甘ったるい呼びかけです。そのうえ彼女は、結婚すると一人称単数の代名詞「私 я」を使わなくなり、一人称複数の「私たち мы」に「[前] с＋造格」をつけた形、つまり「私たち、うちのワーニチカと私 мы с Ва́ничкой」を主語として語るようになります。行動も考えも、完全に夫や恋人と一体化してしまうわけです。特に感極まったとき、オーレンカの発話にいかに指小形が多いか、ひとつ例をあげましょう。夫たちと死に別れ、同棲相手も遠くへ行って、寂しく暮らしていた彼女が、9歳の男の子サーシャ（もちろん彼女にとってはサーシェンカ）に出会って、一目で夢中に（まさにメロメロに）なったときの言葉です。「私のかわいい子（小鳩ちゃん）、ハンサムちゃん…。私のいい子、なんてお利口ちゃんに、なんて色白ちゃんに生まれたの <u>Голу́бчик</u> мой, <u>краса́вчик</u>... <u>Де́точка</u> моя́, и уроди́лся же ты тако́й <u>у́мненький</u>, тако́й <u>бе́ленький</u>.」下線を引いた語にはすべて指小の接尾辞が含まれています。『可愛い女』における指小形の氾濫には、思わず笑いを誘われます。

## 第13課　グリゴーリーの不調（悲劇のアネクドート化）

— Хлопота́л я! — сказа́л стари́к и махну́л руко́й. — Как Ани́сима осуди́ли, я к тому́ ба́рину, что его́ защища́л. "Ничего́, говори́т, тепе́рь нельзя́, по́здно". И сам Ани́сим так говори́т: по́здно. А всё ж я, как вы́шел из суда́, одного́ адвока́та договори́л; зада́ток ему́ дал... Погожу́ ещё неде́льку, а там опя́ть пое́ду. Что бог даст.

Стари́к опя́ть мо́лча прошёлся по всем ко́мнатам, и когда́ верну́лся к Варва́ре, то сказа́л:

— Должно́, нездоро́в я. В голове́ того́... тума́нится. Мы́сли мутя́тся.

Он затвори́л дверь, чтобы не услы́шала Ли́па, и продолжа́л ти́хо:

— С де́ньгами у меня́ нехорошо́. По́мнишь, Ани́сим перед сва́дьбой на Фомино́й привёз мне но́вых рубле́й и полти́нников? Свёрточек-то оди́н я тогда́ спря́тал, а про́чие каки́е я смеша́л со свои́ми... И когда́-то, ца́рствие небе́сное, жив был дя́дя мой, Дми́трий Фила́тыч, всё, быва́ло, за това́ром е́здил то в Москву́, то в Крым. Была́ у него́ жена́, и э́та са́мая жена́, пока́ он, зна́чит, за това́ром е́здил, с други́ми гуля́ла. Ше́стеро дете́й бы́ло. И вот, быва́ло, дя́денька, как вы́пьет, то смеётся: "Ника́к, говори́т, я не разберу́, где тут мои́ де́ти, а где чужи́е". Лёгкий хара́ктер, зна́чит. Так и я тепе́рь не разберу́, каки́е у меня́ де́ньги настоя́щие и каки́е фальши́вые. И ка́жется, что они́ все фальши́вые.

語句

хлопота́ть［不完］奔走する　　махну́ть［完］(造格を伴い)～を振る（1回）　　как［接］～する
(した)時　осуди́ть［完］有罪の判決を下す　　ба́рин 貴族・地主、紳士・旦那　　что［関係代
名詞］～ところの　защища́ть［不完］弁護する　　по́здно［無人称述語］遅い、手遅れだ　　всё
же しかし　　адвока́т 弁護士　　договори́ть［完］話をつける　　зада́ток 手付金　　погоди́ть
［完］(погожу́, пого́дишь...)待つ　　неде́лька(неде́ля の指小形)週　　что бог даст(よい
結果を期待する慣用句)なんとかなるかも知れない　　мо́лча［副］黙って　　пройти́сь［完］
(過去：прошёлся, прошла́сь...)　急がずに歩く　　должно́＝должно́ быть［挿入語］きっ
と、おそらく　　нездоро́вый(нездоро́в：短語尾男性)病気の　　того́［述語］変だ、調子が悪い
тума́ниться［不完］(ここでは無人称動詞)ぼうっとする　　мути́ться［不完］ぼんやりする
затвори́ть［完］閉める　　услы́шать［完］聞く、聞こえる　　с［前］(造格を伴い)～に関して
нехорошо́［無人称述語］(状況が)よくない

54

日本語訳

　「わしが奔走したさ！」と老人は言って、手を一振りした。「アニーシムに有罪判決がおりてから、弁護をしてくれた旦那のところに行った。『今はもう何もできることはない。手遅れだ』ってさ。当のアニーシムまで『手遅れだ』って言うんだ。それでもわしは、裁判所を出ると、ある弁護士に話をつけた。手付金を置いてきたよ。1週間したら、また行ってくる。なんとかなるかも知れん」

　老人はまた黙って全部の部屋をゆっくり歩き、ワルワーラのところに戻ってくると、こう言った。

　「どうも、わしは体が悪いようだ。頭の調子が悪くて、ぼうっとしてな。考えがまとまらないんだ」

　彼はリーパに聞こえないようにドアを閉めてから、小声で続けた。

　「金のことがまずいのさ。ほら、アニーシムが婚礼の前の聖トマス週に、新しい1ルーブリや50コペイカ玉を持ってきただろう。包みのひとつはしまったんだが、他のは自分の金と混ぜちまったんだ。昔、わしの叔父のドミトリー・フィラートィチが、どうぞ天国に休らわせたまえ、まだ生きてた頃、仕入れのために始終モスクワだ、クリミアだと出かけてたんだ。叔父さんには女房がいたが、この女房ってのが、叔父さんが仕入れに出かけてる間、つまり他の男と遊んだもんさ。子供は6人いてな。それで叔父さんは一杯やると、よく笑ってたよ。「どうしても、どれが自分の子で、どれが他人の子か見分けがつかねえ」ってな。まあ、呑気な性質(たち)だったんだ。で、今のわしは叔父さんと同じように見分けがつかないんだ、自分の金のどれが本物で、どれが偽物か。そして全部が偽物のような気がしてくるんだ」


語句（つづき）

на Фоминóй＝на Фоминóй недéле 聖トマス週に（第9課テクスト解説③参照）　свёрточек（свёрток の指小形）包み　спрятать[完]片付ける　прóчий 他の　смешáть[完]混ぜ合わせる　цáрствие небéсное 天国（「天国に休らわせ給え」の意味で、故人を話題にするときに言い添える）　живóй（жив：短語尾男性）生きている　бывáло[助]よく～したものだ　дя́денька[男]（дя́дя の表愛の形）叔父(伯父)さん　покá[接]～している間　гуля́ть[不完]（異性と）遊びまわる、性的関係を持つ　шéстеро[集合数詞]6 人、6 個　вы́пить[完]（вы́пью, вы́пьешь ...）酒を飲む、一杯やる　смея́ться[不完]（смею́сь, смеёшься ...）笑う；вы́пьет・смеётся はどちらも、過去の事実を生き生きと伝える用法。多くは常習または反復された行為を表す　разобрáть[完]（разберу́, разберёшь...）識別する　тут[助]（что・где・какóй などに付して、反駁・否定・拒否・不可能などの意を強調する）　лёгкий のんきな、気楽な

## テクスト解説

### ① アニーシムの判決を待つツィブーキン家

　アニーシムの裁判の日が過ぎました。グリゴーリーの帰宅が待たれる中、リーパは相変わらず赤ん坊と遊んでいます。子供を両手で高く差し上げながら、「大きく、大きくなるのよ。お百姓になって、一緒に日雇いに行こうね！」と語りかけます。これまでの人生で母親と日雇い仕事に行けることこそ幸福だった彼女は、「この子は商人になるんですよ」と姑にたしなめられても、すぐにまた同じ言葉を繰り返します。まだ子供のような若い母親が夢中で赤ん坊をあやし、「おっかさん、私どうしてこの子がこんなに好きなんでしょう。どうしてこんなにかわいいのかしら」と涙ぐむ場面は、リーパという無垢な存在を強く印象づけます。これが彼女の幸福の絶頂といえる情景です。一方、夫を待ちわびるワルワーラは、駅に近づく汽車の音が聞こえると、リーパの声も耳に入らずにわなわなと震えていますが、「それは恐怖からではなくて、強い好奇心からだった」と、チェーホフの筆は、この善良な女性の心に潜む冷酷さにさらりと触れます。

　証人として出廷した使用人が帰ってきて、「権利と財産のハクダツ、シベリア送りで懲役6年だとさ」と、判決を伝えます。民衆には聞きなれない「剥奪 лишéние」という言葉を、彼は誤って решéние（決定）と発音します。『職務の用事で По делáм слýжбы』(1899)には、百人長 сóтский（村の寄り合いで選ばれた補助警官）という自分の職名を цóцкай と発音し、発音の通りに署名する農民が登場します。民衆の読み書き能力の低さからくる間違いを、作家の観察眼は見逃していません。

### ② グリゴーリーの不調

　グリゴーリーは作品全体で大きな変化を見せます。物語の発端では、元気満々で上等の身なりをした、やり手の商人でした。息子が逮捕されてから異変が起こり、髪やひげを整えるのもやめて、見た目がむさくるしくなり、機敏に馬車に跳び乗ることも人々をどなりつけることもしなくなります。それでも息子のために奔走していたグリゴーリーに、さらなる変化が起きるきざしが、本課のテクストで語られます。アニーシムから贈られた贋金を手持ちの金と混ぜてしまったグリゴーリーは、手にする金が本物か偽物か区別がつかなくなり、どれも偽物に見えるという状態に陥っています。これが彼の訴える体の不調で、毎日お金を扱う商人としては致命的な症状です。ところが彼は、妻にこの深刻な状況を告げる際に、アネクドート（小咄）を思わせる自分の叔父の話を持ち出します。妻が他の男と遊びまわるので、家の子供が自分の子か他人の子か見分けがつかないという話は、チェーホフの初期作品『生きた年表 Живáя хронолóгия』(1885)を思い出させます。これはアントーシャ・チェホンテーのペンネームでユーモア週刊誌に発表された小品です。官吏のシャラムィキン家の客間で主人と客が世間話にふけり、傍らでは4人の子供が遊んでいます。隣室で小説を読んでいる夫人は、30歳過ぎの陽気で魅力

56

的な女性です。主人は、この町にも昔は有名な俳優や歌手がよく訪れたという思い出話をしています。イタリアの悲劇俳優が来たとき、シャラムィキン夫人が色々と面倒を見た話をしたあと、それがいつのことだったか思い出そうとして、「アニュートカ、うちのニーナはいくつだっけ」と妻に問いかけます。つまり、長女ニーナは夫人がイタリア人の俳優と親しくなって生まれた子なのです。他にも歌手やトルコ人捕虜が町にいた時期を思い出すために、シャラムィキンは子供の年齢に10カ月足すことを繰り返し、最後にはこの夜の客である副知事も夫人の不倫相手であったことが明らかになります。

　ユーモア雑誌から文学の世界に入ったチェーホフは、独特のユーモア感覚を持ち続けました。叔父の子供をめぐる、見方によっては悲劇的なエピソードを、グリゴーリーは笑い話に仕立てて、それにからめて、お金の真贋の区別がつかなくなった自分の症状を妻に伝えます。チェーホフ後期の戯曲には、若い頃書いた一幕のドタバタ喜劇の要素や技法が用いられていますが、散文においても、初期のユーモア小品の特徴や技法を、円熟期の作品に様々な形で見出すことができます。深刻な状況をアネクドート化するグリゴーリーの話は、初期の作風と通じており、これがチェーホフの創作の根本的特徴であることをうかがわせます。

> ## コラム：初期のユーモア短編
>
> 　チェーホフは1880年から1887年頃まで、ペンネームを使って絵入り週刊誌や新聞に作品を投稿していました。「トンボ」、「破片」、「目覚まし時計」―そんな名前の雑誌に、約8年間で500編以上の作品が発表されました。1886年3月に長老作家グリゴローヴィチから、「あなたが持っている真の才能を大事にせよ」という内容の手紙をもらったとき、礼状の中でチェーホフは、「これまで一昼夜以上かけて書いた短編をひとつも思い出せない」と述べています。駆け出しの作家は激しい勢いで短編を書き飛ばして、原稿料を稼いでいたのです。ユーモアや諷刺を狙ったこの時期の小品にも忘れがたい作品は多く、それらは現在でもロシアで広く親しまれています。奥さんに楽譜を買ってくるように頼まれた夫が、曲名を度忘れする『忘れた!! Забыл!!』(1882)、酔っ払って馬車に轢かれたことが新聞に載り、それを名誉なこととして喜ぶ若者の話『喜び Радость』(1883)などは、いつの時代にも笑える話です。主人の歯痛を治してくれる人を呼ぶために、「馬に関係のある名字」というヒントで、屋敷じゅうの人が珍妙な名字を考え出す『馬のような名字 Лошадиная фамилия』(1885)は、全編が語呂あわせでできた抱腹絶倒の話です。身分が高い人に対しては限りなく卑屈に、下の者には威圧的になる役人気質は、『小役人の死 Смерть чиновника』(1883)、『でぶとやせっぽち Толстый и тонкий』(1883)、『カメレオン Хамелеон』(1884)などで諷刺され、当時の読者を大いに喜ばせました。チェーホフの初期短編の名作は、今でもロシアの気楽な読みものを集めた本の定番です。

## 第 14 課　グリゴーリーの遺言状(狂乱するアクシーニヤ)

Старик уезжал ненадолго в город. Кто-то рассказал Аксинье, что он ездил к нотариусу, чтобы писать завещание, и что Бутёкино, то самое, на котором она жгла кирпич, он завещал внуку Никифору. Об этом ей сообщили утром, когда старик и Варвара сидели около крыльца под берёзой и пили чай. Она заперла лавку с улицы и со двора, собрала все ключи, какие у неё были, и швырнула их к ногам старика.

— Не стану я больше работать на вас! — крикнула она громко и вдруг зарыдала. — Выходит, я у вас не невестка, а работница! Весь народ смеётся: "Гляди, говорят, Цыбукины какую себе работницу нашли!" Я у вас не нанималась! Я не нищая, не хамка какая, есть у меня отец и мать.

Она, не утирая слёз, устремила на старика глаза, залитые слезами, злобные, косые от гнева; лицо и шея у неё были красны и напряжены, так как кричала она изо всей силы.

— Не желаю я больше служить! — продолжала она. — Замучилась! Как работа, как в лавке сидеть день-деньской, по ночам шмыгать за водкой — так это мне, а как землю дарить — так это каторжанке с её чертёнком! Она тут хозяйка, барыня, а я у ней прислуга! Всё отдайте ей, арестантке, пусть подавится, я уйду домой! Найдите себе другую дуру, ироды окаянные!

語句
ненадолго［副］しばらく、ちょっとの間　нотариус 公証人　завещание 遺言(状)
самый［代］(тот, этотと共に用いて)まさにその　жечь［不完］(過去жёг, жгла ...)焼く
завещать［完］(財産を)遺言で譲る　сообщить［完］知らせる　берёза 白樺　запереть
［完］(過去запер, заперла ...)(鍵や錠をかけて)閉める　швырнуть［完］(1回)投げつける
стать［完］(стану, станешь ...)不完了体動詞不定形を伴って合成未来を作る。否定辞を伴
い、「～するつもりはない、～しようとは思わない」の意を表す　на［前］(対格を伴い、奉
仕の対象を表す)～のために　зарыдать［完］声を上げて泣き出す　выходит［挿入語］つ
まり　наниматься［不完］雇われる、雇われて働く　нищая［女］(女の)乞食　хамка下司
(げす)(帝政ロシアで農奴や身分の低い者に対する蔑称、男性はхам)　утирать［不完］
(утирая：副動詞)拭きとる　слеза(слёз：複数生格)涙　устремить［完］向ける

58

日本語訳

　　老人はちょっとのあいだ町へ行ってきた。誰かがアクシーニヤに、老人は遺言状を作るために公証人のところへ行ったのだと話した。アクシーニヤが煉瓦を焼いている、あのブチョーキノを孫のニキーフォルに遺した（のこ）というのである。彼女がそれを聞いたのは朝で、老人とワルワーラが表階段近くの白樺の木陰に座って、お茶を飲んでいるときだった。アクシーニヤは通りからも中庭からも店に錠をかけ、自分が持っている鍵を全部まとめて老人の足元に投げつけた。

　「あたしはこれ以上、あんたたちのためには働かないよ！」と彼女は大声で叫び、突然おいおいと泣き出した。「これじゃ、あたしはこの家の嫁じゃなくて、下女だ！　みんなが笑ってる—見ろよ、ツィブーキンの家じゃ、いい下女を見つけたもんだって言って。あたしはここに雇われたんじゃないよ！　あたしは乞食じゃない。そこらの馬の骨とは違って、父親も母親もいるんだ」

　　彼女は涙を拭おうともせず、涙の溢れた、怒りで釣りあがった毒々しい目で老人をにらみつけた。ありったけの声でわめいたので、顔と首は張り詰めて真っ赤だった。

　「これ以上、お仕えするのはいやだよ！」と彼女は続けた。「へとへとだ！　仕事したり、一日じゅう店番したり、夜はウォトカ買いに走り回ったり、そういうことはあたしにやらせといて、土地を譲るってなると、懲役人の女房とガキにやるんだね！　ここじゃあの女がご主人様、奥方様で、あたしはあいつの女中なんだ！　何もかもあいつに、囚人の女房にくれてやればいいさ、喉に詰まらせるがいい。あたしは実家に帰ります！　ほかのバカ女を見つけなさいよ、人でなしどもめ!」

語句（つづき）

зали́ть［完］（зали́тые：被動形動詞過去・複数対格）溢れて水浸しにする　зло́бный　悪意・敵意に満ちた　косо́й（目が）つりあがった　гнев　怒り、激怒　напряжённый（напряжены́：短語尾複数）張り詰めた　изо всей си́лы　力いっぱい　как［接］（条件を示す従属文を導いて）もし〜ならば、〜のときは　так［接］それならば、そのときはдень-деньско́й［副］一日中　шмы́гать［不完］動き回る　каторжа́нка　女性懲役囚чертёнок（чёртの指小形）小悪魔；（子供に対する悪口）餓鬼、小僧　ба́рыня　貴族の婦人、奥方様　прислу́га　女中　отда́ть［完］渡す、譲渡する　ареста́нтка　女性の囚人　пусть［助］（動詞の3人称と共に用いて、3人称命令を表す）〜させよ、〜するがいい　пода́виться［完］（骨などが）喉に引っかかる、息が詰まる　ду́ра　ばか女　и́род　人非人、人でなしокая́нный　呪われた

テクスト解説

① 狂乱するアクシーニヤ

　ワルワーラはグリゴーリーに、ブチョーキノの土地を孫のニキーフォルに遺してやるように勧めました。「あなたが死んだら、ニキーフォルがひどい目にあうかも知れない。父親は懲役囚で、いないも同然だし、母親は若くてバカだから」という妻の言葉は、老人を動かします。息子の裁判と判決に打ちのめされていた老人は、孫が残されていることに救いを見出し、早速町へ出かけて遺言状を作ります。ブチョーキノに煉瓦工場を建てて独自の事業を始めていたアクシーニヤは、遺言のことを知ったとたんに怒りに駆られます。これまでに彼女は蛇やマムシに喩えられてきました。またリーパは、「アクシーニヤが窓を見てるとき、こわい目が緑色に光って、家畜小屋の羊の目みたい」と話していました。こうして何度も動物に喩えられてきたアクシーニヤは、このシーンでは、まさに攻撃を受けた動物のように、衝動的に反応します。ここからの彼女の動きとそれに伴う音声は、そのまま映画の1シーンになりそうなほど具体的に描かれています。まだ朝なのに、アクシーニヤはいきなり店の戸を閉めて、戸外でお茶を飲んでいたグリゴーリーたちの所に寄って行って、鍵束をガチャンと投げつけます。そして、溢れる涙を拭いもせず、老人をにらみつけながら、すごい大声で怒鳴りだします。この場面まで彼女の発話はほんの数語に限られていましたが、ここで怒りと恨みが爆発して、言葉の奔流となります。概してチェーホフの作品は、ロシア史で「沈滞の時代 эпóха безврéменья」と呼ばれる1880-90年代の世相をよく映し出していると言われます。ナロードニキ運動が挫折して、皇帝アレクサンドル3世のもとで反動的な政治が行われる中、重苦しい雰囲気が社会を覆いました。それが沈滞の時代です。確かにチェーホフの作品には、善良で魅力的だが、現実に抗する力を持たない知識人の像が、多く見られます。そんな中で、アクシーニヤのように意志が強くて、願望を実行に移す力を持ち、それを妨害されるとすさまじい勢いで怒りを噴出させる人物は、稀有な存在です。

　ここで注意したいのは、激情に駆られたアクシーニヤの怒りの表現が、決して支離滅裂ではなく、論理的に筋が通っている面があることです。ツィブーキン家に嫁に来てから身を粉にして働いてきたことが何も評価されず、自分が煉瓦工場を建てた土地が、商売に何も貢献していないアニーシムとリーパの子供に相続されることへの怒り、それに、本課のテクストに続く部分では、ツィブーキン家のあくどい商売への弾劾が、律動的で威勢のよい言い回しで、的確に表現力豊かに述べられています。チェーホフ作品をロシアの社会状況の観点から分析したイギリスのブルーフォードは、家長を中心に数世代が共に暮らす大家族では、嫁たちはみな家の働き手としかみなされなかったと述べています。無償の労働力としてしか扱われず、夫の父母や夫から非人間的な仕打ちを受ける農村の女たちの悲哀を、チェーホフは『女房たち』や『百姓たち』で描きました（第7課テクスト解説②参照）。アクシーニヤの怒りがもたらした結果が悲惨すぎるので、彼女もそんな境遇の女たちの一人だったことを忘れそうになりますが、彼女が「これじゃ嫁じゃない、下女だ」と嘆くのにはある程度の正当性があったと言ってよいでしょう。彼女の憤怒に対して、グリゴーリーは驚愕のあまり家の中へ逃げ込み、ワルワーラも怯えきって為すすべを知りませんでした。つまり、アクシーニヤの動物的な怒りの噴出に立ち

60

向かえる人物はこの家にはおらず、家長みずからが、まるで野生動物の襲来か自然災害を避けるように、身を潜めてしまったのです。

② каторжа́нкаとареста́нткаの用法

　アクシーニヤは次第に怒りをリーパに向けていきます。「あたしは乞食じゃない。そこらの馬の骨とは違って、父親も母親もいるんだ」というのは、片親で極貧の家庭に育ったリーパにあてつけた科白です。また、「土地を譲るってなると、懲役人の女房とガキにやるんだね」、「何もかもあいつに、囚人の女房にくれてやればいいさ」と訳したところは、原文ではそれぞれкаторжа́нкаとареста́нткаとなっています。前者はкаторжа́нинの女性形で、女性の懲役囚を、後者はареста́нтの女性形で、女性の逮捕者を指します。懲役囚の妻を懲役囚と呼ぶのは、法的には明らかに誤りですが、チェーホフは農村でこんな呼び方がされていることを知っていました。『サハリン島』第16章で、囚人になった夫を追って、女たちが自発的に流刑地にやって来る理由がいくつか挙げられています。その一つが、無知蒙昧な農村の環境では、夫の恥はそのまま妻にも降りかかるので、女たちは居たたまれなくて家を出てくるというものです。「川で洗濯物をすすいでいると、他の女たちに懲役囚каторжа́нкаと呼ばれる」と述べられています。アクシーニヤがリーパをкаторжа́нка、ареста́нткаと呼んでいるのは、囚人の家族に対する村の雰囲気をよく表しています。

---

## コラム：チェーホフの遺言状

　チェーホフは、1901年8月3日付けで遺言状を作成しました。亡くなる3年前、41歳のときです。医学部を卒業した24歳の年に最初の喀血があり、その後もしばしば執拗な咳や喀血に悩まされたので、若い頃から結核に罹っていたと思われますが、診察や治療を受けたことはありません。医者でありながら、種々の徴候を無視して、周囲の人に結核を否定し続けた態度は、チェーホフの生涯にわたる謎とされますが、彼の性格や生き方をよく表す事実でもあるように思います。そんな彼も、1897年に出先のモスクワで大喀血に襲われ、緊急入院してからは、療養生活に入らざるを得ませんでした。モスクワ芸術座の女優オリガ・クニッペルとの恋愛、結婚は、彼の病が明らかになってからのことでした。遺言状は結婚後2カ月ほどたったころ、妹マリヤあてに書かれ、『谷間』のグリゴーリーの場合と同様に、ちゃんと公証人の確認を受けています。チェーホフは、献身的に彼の生活を支え、自分の死後も母の面倒を見てくれるはずの妹にヤルタの家や戯曲上演の収入を遺し（作品の著作権はすでにマルクス社に売却済みでした）、女優として自立している妻や兄弟たちには現金などを残しました。病気と結婚という変化が、彼に遺言状を書いておく必要を思い起こさせたのでしょう。遺言状は妻オリガに託され、チェーホフの死後にマリヤに渡されました。弟妹が死んだら、彼らが相続したものは、民衆教育のためにタガンローグ市に寄付するように指示されていました。「貧しい人を助けて。母を大切に。仲良く暮らしてくれ　Помога́й бе́дным. Береги́ мать. Живи́те ми́рно.」と、遺言状は結ばれています。

## 第 15 課　響き渡る悲鳴（事件のクライマックス）

　　Аксинья вбежала в кухню, где в это время была стирка. Стирала одна Липа, а кухарка пошла на реку полоскать бельё. От корыта и котла около плиты шёл пар, и в кухне было душно и тускло от тумана. На полу была ещё куча немытого белья, и около него на скамье, задирая свои красные ножки, лежал Никифор, так что если бы он упал, то не ушибся бы. Как раз, когда Аксинья вошла, Липа вынула из кучи её сорочку и положила в корыто, и уже протянула руку к большому ковшу с кипятком, который стоял на столе...

　　— Отдай сюда! — проговорила Аксинья, глядя на неё с ненавистью, и выхватила из корыта сорочку. — Не твоё это дело моё бельё трогать! Ты арестантка и должна знать своё место, кто ты есть!

　　Липа глядела на неё, оторопев, и не понимала, но вдруг уловила взгляд, какой та бросила на ребёнка, и вдруг поняла, и вся помертвела...

　　— Взяла мою землю, так вот же тебе!

　　Сказавши это, Аксинья схватила ковш с кипятком и плеснула на Никифора.

　　После этого послышался крик, какого ещё никогда не слыхали в Уклееве, и не верилось, что небольшое, слабое существо, как Липа, может кричать так. И на дворе вдруг стало тихо. Аксинья прошла в дом, молча, со своей прежней наивной улыбкой... Глухой всё ходил по двору, держа в охапке бельё, потом стал развешивать его опять, молча, не спеша. И пока не вернулась кухарка с реки, никто не решался войти в кухню и взглянуть, что там.

語句

сти́рка 洗濯　стира́ть［不完］洗濯する　куха́рка 料理女　полоска́ть［不完］すすぐ　бельё（集合）下着、シーツ類、洗濯物　коры́то（長方形の）洗濯桶　котёл（котла́：生格）釜、大鍋　идти́［不完］（過去：шёл, шла́...）（蒸気、煙などが）出る、発する　ду́шный（ду́шно：短語尾中性）蒸し暑い　ту́склый（ту́скло：短語尾中性）薄暗い　пол（полу́：前置格）床　ку́ча（ものを積み重ねた）山　немы́тый 洗っていない　задира́ть［不完］（задира́я：副動詞）持ち上げる　так что だから　ушиби́ться［完］（過去：уши́бся, уши́блась...。бы を伴って仮定法）打って傷める　вы́нуть［完］引っ張り出す　соро́чка 肌着、シュミーズ　протяну́ть［完］伸ばす　ковш ひしゃく　кипято́к（кипятко́м：造格）熱湯　не́нависть［女］憎しみ　вы́хватить［完］すばやく引き出す

62

日本語訳

　アクシーニヤは台所に駆け込んだ。台所ではそのとき、洗濯の最中だった。洗濯しているのはリーパひとりで、料理女は洗濯物をすすぎに川へ行っていた。竈<sub>かまど</sub>の近くの洗濯桶と大鍋から湯気が立ちのぼり、台所の中は蒸し暑くて、湯気で曇っていた。床にはまだ洗っていない下着の山があり、その脇のベンチにニキーフォルが寝かされて、赤い足をばたばたさせていた。ここなら、ころげ落ちても怪我はしないだろう。アクシーニヤが入ってきたとき、リーパはちょうど下着の山からアクシーニヤの肌着を取って、桶に入れたところだった。そしてもう、テーブルの上に置いてあった熱湯入りのひしゃくに手を伸ばしていた。

「こっちへ寄こせ！」アクシーニヤはリーパを憎々しげに見ながら言うと、桶から自分の肌着を引っ張り出した。「あたしの下着に触るなんて、よしとくれ！　お前は懲役人だ、身の程を知りやがれ！」

　リーパはあっけに取られてアクシーニヤを眺め、何もわかっていなかったが、突然、アクシーニヤが赤ん坊に向けた視線を捉え、突然その意味を悟って、全身を凍りつかせた…。

「よくも私の土地を奪ったな、ほら、こうしてやる！」

　アクシーニヤはこう言うと、熱湯の入ったひしゃくをつかみ、ニキーフォルに湯を振り掛けた。

　その後に、ウクレーエヴォではいまだかつて聞いたことのないような悲鳴が聞こえた。リーパみたいな小さな弱々しい存在がこんな悲鳴を上げることができるとは、信じられなかった。そして屋敷内はたちまち静まり返った。アクシーニヤは家へ入っていった。黙って、以前と同じあどけない笑みを浮かべながら…。耳の悪いステパーンは、相変わらず洗濯物を両手に抱えて中庭を歩き回っていたが、その後で、何も言わずに、ゆっくりと、また洗濯物を干しはじめた。料理女が川から帰ってくるまで、誰ひとり台所へ行って何が起こったのか見ようとする者はなかった。


語句（つづき）

не твоё де́ло お前の知ったことではない　знать своё ме́сто 分（ぶん）をわきまえる　оторопе́ть［完］（оторопе́в：副動詞）呆然とする　улови́ть［完］捉える　тот［指示代］（та：女性主格）その人　весь［定代名詞］（вся：女性主格）全体、全身、すっかり　помертве́ть［完］死んだようになる、凍りつく　вот тебе́ これでも食らえ、思い知ったか（人を殴るときに発する）　схвати́ть［完］つかむ　плесну́ть［完］（1回））はねかける　послы́шаться［完］聞こえる　ве́риться［不完］（無人称動詞）信じられる、本当だと思われる　держа́ть［不完］（держа́：副動詞）手に持っている　в оха́пке 両手で抱えて　разве́шивать［不完］（たくさんのものを）掛ける、つるす　пока́［接］（否定詞неを伴って）〜しないうちは、〜するまで　реша́ться［不完］決心する、（思い切って）〜する

63

テクスト解説

① なおも続くアクシーニヤの狂乱

　アクシーニヤの怒りは静まらず、彼女は夫ステパーンに、「犯罪者とは一緒に住みたくないから、私の親元へ行こう」と言って、庭に干してあった洗濯物の中から自分のものをはずして夫に投げ渡します。騒ぎを聞きつけて集まった村人たちの目の前で、なおも興奮して走り回り、まだ濡れている洗濯物を手当たり次第に綱からはずして地面に投げつけ、踏みつけるという狂態を演じた後、荒れ狂うアクシーニヤは、リーパが洗濯をしている台所へ駆け込みます。アニーシムが投獄されてから半年以上たって、季節はうららかな春。暖かい晴れた日に、リーパと料理女は洗濯に精出していました。台所で湯を沸かして下着などを洗い、川にすすぎに行き、帰ってきて中庭に干すという手順です。ヨーロッパと同様にロシアでも、高温の湯で洗濯をする習慣があります。日本と違って硬水が多いので、石鹸を水に溶かすには一度沸騰させる必要があることから、習慣の違いが生まれています。リーパが赤ん坊を傍において熱湯を使う作業をしていたことが、悲劇を生み出します。商売に精力をつぎこみ、煉瓦工場を建てて企業家として新たなステージに踏み出したアクシーニヤは、グリゴーリーが彼女の貢献をまったく無視して、工場の土地を孫の遺すつもりだと知ったとき、怒りに駆られて、手近にあった熱湯を赤ん坊にかけるのです。このとき彼女が発する言葉—「よくも私の土地を奪ったな Взяла́ мою́ зе́млю...」は、主語は省略されていますが、動詞過去形が女性形なので、怒りはリーパに向けられています。商売もおしゃれも不倫も楽しみ、本能に従って生きるアクシーニヤは、リーパとニキーフォルが彼女の充実した生を阻害する存在になったとき、動物のように本能的な報復を行いました。倫理感を持たないアクシーニヤの圧倒的な行動力の前に、リーパは無力そのもので、何も動きを起こせませんでした。リーパの悲鳴の後で、屋敷内や門の外の人々の視線を浴びながら、ゆっくりと家に入っていくアクシーニヤは、すでに怒りの発作が治まっていつものあどけない微笑を取り戻しており、報復の成功を感じ取っているようです。

② ニキーフォルの死

　このシーンの後、ニキーフォルは運び込まれた地方自治会病院で死にました。地方自治会病院 зе́мская больни́ца とは、1864年に地方行政改革のために県と郡に設置されたゼムストヴォ зе́мство が管轄する病院です。ここではゼムストヴォが雇った医師によって無料で医療が行われていました。「リーパの息子が熱湯を浴びせられる。これは珍しいことではありません。地方自治会病院の医師たちは、よくこんなケースにぶつかります」というチェーホフの言葉が、同時代人の回想に残されています。チェーホフは医学生時代に地方自治会病院で実習を受け、卒業後にも医師として手伝った経験があります。また1892年のコレラ流行の際にも、ボランティアでゼムストヴォの医師として働きました。ニキーフォルの痛ましい死は、チェーホフの経験に根ざしており、彼は実際にそのような死に立ち会ったことがあると考えられます。トルストイも戯曲『闇の力』（1887）で、

64

慄然とするような嬰児殺しを描いていますが、この作品もトルストイが自分の地元で起きた実際の事件に基づいて書いたものでした。

　社会や家庭内で弱い立場にある子供たちが受ける苦難や虐待は、現代まで続く大きな問題です。ドストエフスキーが児童虐待のテーマを取り上げたことはよく知られていますが、チェーホフもいくつかの作品で子供の受難を描いています。『ワーニカ』(1886) の主人公は、9歳で靴屋に奉公に出されて、親方からもおかみさんからも何かにつけて殴られ、ろくに食べものも与えられず、夜も眠らずに赤ん坊の揺りかごをゆすらなければなりません。うっかり寝込んだりしようものなら、親方に革紐でぶたれます。「じいちゃん、迎えに来て。キリスト様にかけてお願いします、僕をここから連れて帰って。不幸な孤児をかわいそうに思ってちょうだい。だってみんなにぶたれるし、すごくひもじくて、口では言えないくらい寂しくて、いつも泣いてるの。この前、親方に靴の木型で頭を殴られたら、ぶっ倒れて、やっと息を吹き返しました。どんな犬よりひどい、どうしようもない毎日です…」──こんな切ない文章で、ワーニカは祖父に苦しみを訴えます。『眠い Спать хо́чется』(1888) でもワーニカと似た境遇の13歳の少女ワーリカが描かれ、『女たち』(1891) に登場する7、8歳の孤児クージカも、痩せこけて、主人にいつ殴られるかという恐怖でびくびくしています。チェーホフが子供の受難を見過ごせなかったのは、第一にそれが当時の社会の病弊であったからですが、それに加えて、専制的で横暴な家長だった父のもとで育ったこと、しかも父パーヴェルは子供のしつけには鞭が必要だと信じ込んでいたので、体罰も日常的に経験していたこととも、関係があると考えられます。彼は鞭打たれる子供の苦しみを自ら体験していたのです。

## ③　事件のクライマックスの描き方

　アクシーニヤがグリゴーリーの遺言状の話を聞いてから、台所に駆け込んで赤ん坊に熱湯をかける場面までは、彼女が興奮して動き回る様が、詳細に描写されています。映画撮影にたとえると、カメラはアクシーニヤの派手な動きを追い、涙が溢れた目、怒りに満ちた視線、紅潮した顔や首筋をクローズアップで映し出し、マイクは彼女がどなる声を拾い続けます。それが、アクシーニヤがひしゃくで熱湯をかけた後は、リーパのすさまじい悲鳴を最後に、一転して無音の場面に入ります。カメラも一転してロングショットになり、台所を出て家へ向かうアクシーニヤをゆっくりと映し出します。その後には、ステパーンが洗濯物を綱に干しなおす、のろのろとした動きがあるだけです。耳の悪いステパーンには、皆を凍りつかせたリーパの悲鳴がよく聞こえなかったのかも知れません。急速に高まっていった緊張は、リーパの悲鳴で最高潮に達して、そこで、まるで弦が切れるように唐突に途切れます。動から静への雰囲気の急転、怒声と言葉の氾濫から、これまで誰も聞いたことがないすさまじい悲鳴、そして無音への転換は、実に見事です。赤ん坊の泣き声や火傷、人々のショックといった細部をまったく書かずに、リーパの悲鳴ひとつでクライマックスを伝えたところに、短編作家チェーホフの手腕が現れています。

## 第16課 死児を抱くリーパ（生き物たちの歓喜の歌の中で）

Какóй был шум! Казáлось, что все э́ти твáри кричáли и пéли нарóчно, чтóбы никтó не спал в э́тот весéнний вéчер, чтóбы все, дáже сердѝтые лягýшки, дорожѝли и наслаждáлись кáждой минýтой: ведь жизнь даётся тóлько одѝн раз!

На нéбе светѝл серéбряный полумéсяц, бы́ло мнóго звёзд. Лѝпа не пóмнила, как дóлго онá сидéла у прудá, но когдá встáла и пошлá, то в посёлке все ужé спáли и нé было ни однóго огня́. До дóма бы́ло, вероя́тно, вёрст двенáдцать, но сил не хватáло, не бы́ло соображéния, как идтѝ; мéсяц блестéл то спéреди, то спрáва, и кричáла всё та же кукýшка, ужé осѝпшим гóлосом, со смéхом, тóчно дразнѝла: ой, гляди́, собьёшься с дорóги! Лѝпа шла бы́стро, потеря́ла с головы́ платóк... Онá гляде́ла на нéбо и дýмала о том, где тепéрь душá её мáльчика: идёт ли слéдом за ней ѝли нóсится там вверхý, óколо звёзд, и ужé не дýмает о своéй мáтери? О, как одинóко в пóле нóчью, средѝ э́того пéния, когдá сам не мóжешь петь, средѝ непреры́вных кри́ков рáдости, когдá сам не мóжешь рáдоваться, когдá с нéба смóтрит мéсяц, тóже одинóкий, котóрому всё равнó — веснá тепéрь и́ли зимá, жѝвы лю́ди и́ли мертвы́... Когдá на душé гóре, то тяжелó без людéй. Éсли бы с ней былá мать, Прасκóвья, и́ли Косты́ль, и́ли кухáрка, и́ли какóй-нибýдь мужѝк!

— Бу-у! — кричáла выпь. — Бу-у!

И вдруг я́сно послы́шалась человéческая речь:

— Запряга́й, Вавѝла!

語句

тварь［女］生き物　нарóчно［副］わざと　сердѝтый 怒っている　лягýшка 蛙　дорожѝть［不完］(造格を伴い)～を大切にする　наслаждáться［不完］(造格を伴い)～を楽しむ　полумéсяц 半月・三日月などの欠けた月　звезда́(звёзд：複数生格)星　посёлок 集落　огóнь［男］(огня́：生格)灯　верстá(вёрст：複数生格)ヴェルスタ(距離を表す古い単位、1.067km)　хватáть［不完］(無人称動詞、生格を伴い)～が十分である、足りる　соображéние 考え、判断力　мéсяц(天体の)月　спéреди［副］前方から　спрáва［副］右から　тот［定代］(та：女性主格、же を伴い)同一の　кукýшкаカッコウ　осѝпнуть［完］(осѝпшим：能動形動詞過去・男性造格)声がかれる、しゃがれる

日本語訳

　なんという騒がしさ！　これらの生き物たちはみな、わざと叫び、歌っている
ように思われた ── この春の夜に誰も寝ないように、そして怒っているような
蛙たちまで含めてすべての生き物が、一瞬一瞬を大切にして、一瞬一瞬を楽しむ
ようにと。なぜなら、生命は一回しか与えられないのだから！

　空には銀色の半月が輝き、たくさんの星が瞬いていた。リーパは、自分がどれ
くらい長く池のほとりに座っていたのか覚えがなかったが、彼女が立ち上がって
歩き出したときには、集落ではもうみんな眠りについて、灯はひとつも見えなか
った。家までは12キロほどだろうが、元気もなく、どうやって行けばいいのか考
えられなかった。月は前方から、あるいは右側から照らし、さっきと同じカッコ
ウが笑いを含んで、もう声をからして鳴き続けていた。まるで、「おい、気をつけ
な、道に迷うぞ！」とからかっているようだった。リーパは足早に歩き、頭に
かぶっていたスカーフをなくしてしまった…。彼女は空を仰いで、今頃あの子の
魂はどこにいるんだろうと考えた。私の後を付いてきているのかしら、それとも
あの上空の、星たちの近くを飛んで、もう母親のことなんか考えていないのかし
ら。ああ、なんて孤独なんだろう ── 夜が更けた野原で、自分は歌えないのに
これらの歌に囲まれ、自分は喜べないのに途切れることのない歓喜の叫びに囲ま
れ、空からは月が ── やはり孤独で、今が春だろうが冬だろうが、人々が生き
ていようが死んでいようが、おかまいなしの月が、こちらを眺めているときは。
心に悲しみがあるときは、傍に人がいないのは辛い。母のプラスコーヴィヤが、
それとも「松葉杖」か料理女、どこかの百姓が一緒にいてくれればいいのに！

　「ブウウ！」とサンカノゴイが鳴いた。「ブウウ！」

　そして突然、はっきりと人の声が聞こえた。

「馬をつなぐんだ、ヴァーヴィラ！」

語句(つづき)

дразни́ть[不完]からかう、あざ笑う　сби́ться[完](собью́сь, собьёшься ...)ずれる、は
ずれる；сби́ться с доро́ги 道に迷う　плато́к スカーフ　сле́дом[副]すぐ後に、後から
носи́ться[不完]走り回る、飛び回る　вверху́[副]上方で　одино́кий(одино́ко：短語尾
中性)孤独だ、寂しい　пе́ние 歌　непреры́вный とぎれることのない　крик 叫び声、
(鳥獣の甲高い)鳴き声　ра́доваться[不完]喜ぶ　всё равно́(与格を伴い)〜にとってどち
らでも同じだ　мёртвый(мертвы́：短語尾複数)死んでいる　тяжёлый(тяжело́：短
語尾中性)辛い、耐え難い　запряга́ть[不完](馬を馬車に)つなぐ

テクスト解説
① 生き物たちの歓喜の歌

　ニキーフォルは病院で息を引き取り、リーパは小さな遺骸を抱いてウクレーエヴォ村
へ帰ります。彼女は迎えの馬車も待たずに丘の上の病院を出発しましたが、丘を下りた
ところですぐに池のほとりに座り込んでしまいます。夕焼け空に赤や紫の雲がたなびく
中、リーパの周囲の空間を種々の生き物の声が満たします。サギ科の鳥サンカノゴイの
牛のような鳴き声、ヨナキツグミの美しくて華麗な鳴き声、一羽のカッコウ、そして池
の中のカエルたち―それらの鳴き声すべてが合わさって、あたりにざわめきが立ちこめ、
本課のテクスト冒頭の「なんという騒がしさ！」という感嘆文を引き出しているのです。
チェーホフ後期の作品では、散文でも戯曲でも、音が印象的に用いられる例がいくつか
ありますが、『谷間』もそれに含まれます。第7章では、ツィブーキン家の中庭でわめき
散らすアクシーニヤの声、台所からのリーパの悲鳴、その後に屋敷の内外を包んだ完全
な無音という音響の変化が見られましたが、続く第8章では、目の前の池からまわりの野
原、そして丘の上まで、リーパの周囲の空間全体を、様々な鳴き声が満たしています。
甦りと繁殖の季節である春に、一度だけの生を謳歌するかのように一心に鳴き続ける生
き物たちの中で、リーパに抱かれた赤ん坊の命だけが喪われているという構図です。

② 寄り添う語り手

　「ニキーフォルは地方自治会病院に運ばれ、夕方近くにそこで死んだ。リーパは迎えの
馬車を待たずに、遺骸を毛布にくるんで、家へと歩き出した。Никѝфора свезлѝ в
зѐмскую больнѝцу, и к вѐчеру он ѝмер там. Лѝпа не стѐла дожидѝться, когдѐ за ней
приѐдет, а завернѝла покойника в одеяльце и понеслѐ домой.」という第8章冒頭の文
章は、下線で示したように、「～した」と行為の完了を述べる完了体過去形が飾り気なく
続き、後期チェーホフのきわめて簡潔な文体の典型を示しています。しかし、長く座り
込んでいたリーパがようやく立ち上がって再び歩きだし、空を見上げるシーンでは、事
実だけを告げる文体とは別の、同じく後期チェーホフ特有のもうひとつの文体が現れて
います。節の後半、「彼女は空を仰いで、今頃～」から、本課テクストの最後までが、そ
の例です。最初の文《Онѐ глядѐла на нѐбо и дѝмала о том...》は、主語がリーパと明示
され、考えたことの内容もその表現もリーパにふさわしいものです。しかし、それに続
く長い感嘆文《О, как одинѐко～жѝвы лѝди ѝли мертвѝ... 》は、リーパが置かれた状況
と結びついた内容ではありますが、その思考の深さや表現方法は彼女の知性、教養の枠
に収まるものではありません。ここにはリーパの視点に立ちつつ、外側から彼女を描写
するのではなく、限りなく彼女の心に寄り添って叙述する語り手の存在が感じられます。
　「歌 пѐние」と「歌う петь」、「喜び рѐдость」と「喜ぶ рѐдоваться」など、共通の語根の
単語が繰り返される詩的な音調も、地の文を語る語り手に属するものです。ロシアの研
究者チュダコーフは、第6課テクスト解説②で紹介したように、チェーホフの創作を3期
に分けて分析しました。客観的な手法を特徴とする第2期(1888-94)には、登場人物の内

68

面を伝える語り手の言葉は、その人物の語彙や知的水準の限界をはみ出すことはなかったが、第3期には、「登場人物に属すべき思索が、語り手の言葉で語られる」と述べています。本課のテクストにはこの論が当てはまり、主人公に寄り添う語り手を感じさせる文体になっています。

　おもしろいことにチュダコーフは、第3期の特色が萌芽的に現れた例として、彼の時期区分では第2期の最初に属するはずの作品『曠野 Степь』(1888)を挙げています。『曠野』は、9歳の少年エゴールシカの荷馬車による旅を主題として、道中に彼が目にする風景や出会う人々について書いた小説です。エゴールシカは、一貫して自然や人間を眺める視点として機能していますが、彼が見たものが呼び起こす想念は、時には彼の知力や語彙の範囲を超えて、普遍的なものとして語られます。普遍人称文、無人称文、修辞的疑問文、感嘆文を多用して、思索を行う主体を巧妙にぼかすという文体上の工夫によって、少年の能力を超える知的想念が表現されています。空を眺めるリーパの思いが、彼女の語彙や教養の範囲を超えて表現されている本課のテクストにも、確かに『曠野』と共通する文体上の特徴が現れています。チュダコーフの説にしたがって、『曠野』に萌芽のあった文体が、後期に定着したと見てもいいでしょうし、『曠野』から『谷間』まで変わらない要素があったと考えることも可能です。チェーホフの変化を追うことも、あるいは時を経ても変わらぬチェーホフを発見することも、作家の理解のためには同じように興味深いと思います。

③　悲しみを語る相手

　「心に悲しみがあるとき、傍に人がいないのは辛い」ので、リーパは母親か料理女など親しい人が、あるいはせめてどこかの百姓が一緒にいてくれたらと願います。彼女と同じ悲しみと願いを抱えた人物として、『ふさぎの虫 Тоска』(1886)の主人公、働き盛りの息子を亡くしたばかりの辻馬車の御者イオーナを挙げることができます。息子に死なれた悲しみを誰かに聞いてもらいたいイオーナは、客が乗るたびに、「実は、旦那、倅が今週死んじまって」と話しかけますが、客たちは急いでいたり酔っていたりで、聞く耳を持ちません。イオーナは通りの群集を見ながら、「この数千人の中にひとりでも、自分の話を聞いてくれる人がいないものか」と考えますが、そんな人は現れません。あきらめて宿に帰った彼は、眠れずに馬の様子を見に行って、とうとう馬に息子が死んだときの一部始終を語って聞かせます。真情を吐露する相手を見つける困難さ、人と人の間にコミュニケーションが成立することの困難さを、非常にシンプルな形で描き出した、初期の名作です。十数年後の『谷間』では、「せめてどこかの百姓が一緒にいてくれたら」というリーパの切ない願いに応えるかのように、相も変らぬサンカノゴイの鳴き声に続いて、人の声が聞こえ、リーパが望んだ「どこかの百姓」が登場します。イオーナには見つけられなかった話し相手がリーパには与えられた点には、チェーホフの変化を見ることができるのかもしれません。

## 第17課 リーパの問いかけ（罪のない子供の受苦）

— Вы святы́е? — спроси́ла Ли́па у старика́.

— Нет. Мы из Фирса́нова.

— Ты давеча́ взгляну́л на меня́, а се́рдце моё помя́гчило. И па́рень ти́хий. Я и поду́мала: э́то, должно́, святы́е.

— Тебе́ дале́че ли?

— В Укле́ево.

— Сади́сь, подвезём до Кузьме́нок. Тебе́ там пря́мо, нам вле́во.

Ва́вила сел на подво́ду с бо́чкой, стари́к и Ли́па се́ли на другу́ю. Пое́хали ша́гом, Ва́вила впереди́.

— Мой сыно́чек весь день му́чился, — сказа́ла Ли́па. — Гляди́т свои́ми гла́зочками и молчи́т, и хо́чет сказа́ть и не мо́жет. Го́споди ба́тюшка, цари́ца небе́сная! Я с го́ря так всё и па́дала на́ пол. Сто́ю и упаду́ во́зле крова́ти. И скажи́ мне, де́душка, заче́м ма́ленькому пе́ред сме́ртью му́читься? Когда́ му́чается большо́й челове́к, мужи́к и́ли же́нщина, то грехи́ проща́ются, а заче́м ма́ленькому, когда́ у него́ нет грехо́в? Заче́м?

— А кто ж его́ зна́ет! — отве́тил стари́к.

Прое́хали с полчаса́ мо́лча.

— Всего́ знать нельзя́, заче́м да как, — сказа́л стари́к. — Пти́це поло́жено не четы́ре крыла́, а два, потому́ что и на двух лете́ть спосо́бно; так и челове́ку поло́жено знать не всё, а то́лько полови́ну и́ли че́тверть. Ско́лько на́до ему́ знать, чтоб прожи́ть, сто́лько и зна́ет.

— Мне, де́душка, идти́ пешко́м ле́гче. А тепе́рь се́рдце трясётся.

— Ничего́. Сиди́.

Стари́к зевну́л и перекрести́л рот.

---

語句

свято́й[男]聖人　　давеча́[副]（俗）さっき　помя́гчить[完]（＝помягче́ть）柔らかくなる
дале́че[副]（＝далеко́、方言・廃語）遠くへ　　подвезти́[完]（подвезу́, подвезёшь ...）（乗り物で）連れて行く　Кузьме́нки[複]（Кузьме́нок：生格）クジメンキ（村）　　подво́да 荷馬車　бо́чка 樽　ша́гом[副]（馬の速度について）並足で、ごくゆっくりと　　сыно́чек（сын, сыно́к の指小形）（小さな、かわいい）息子　му́читься[不完]苦しむ　гла́зочек（глаз, глазо́к の指小形）（小さな、かわいい）目　го́сподь[男]（го́споди：呼格）主、神
ба́тюшка[男]（父や司祭への敬意をこめた呼びかけ、ここでは神への呼びかけ）神様
цари́ца небе́сная 聖母　с го́ря 悲しみのあまり　па́дать[不完]/ упа́сть[完]（упаду́,
упадёшь ...）倒れる ; сто́ю и упаду́　過去の事実に不完了体現在や完了体未来を用いて
描写に生気を与える。不完了体で表される状態（сто́ю）のあとに生じる完了体の行為
（упаду́）の突発性を示す

70

日本語訳

「おじいさんたちは聖人様なの」と、リーパは老人に尋ねた。

「いや、わしらはフィルサーノヴォの者さ」

「おじいさんがさっき私を見たとき、心がなごんだの。若い衆もおとなしいでしょう。だから、これはきっと聖人さまたちだって思ったの」

「あんた、遠くまで行くのかい？」

「ウクレーエヴォまで」

「乗んなさい、クジメンキまで乗せていこう。あんたはそこからまっすぐで、わしらは右だ」

　ヴァーヴィラは樽を積んだ荷馬車に乗り、老人とリーパはもう一台に乗った。ゆっくりと出発した。ヴァーヴィラが先だった。

「あたしの息子は、まる一日苦しんだの」とリーパは言った。「ちっちゃなお目々で見つめて、黙ってた、口を利きたいのにできないの。ああ神様、聖母様！あたし、あまり悲しくて床に倒れてばかりいた。立ってると、ベッドの脇に倒れちゃうの。教えて、おじいさん、どうして小さな子供が死ぬ前に苦しまなきゃならないの？大人なら、男でも女でも、苦しむと罪が許されるわ。でも、なぜ、子供が苦しむの、子供には罪はないのに。なぜ？」

「それは誰にもわからないよ」と、老人は答えた。

半時間ほど黙って乗っていった。

「全部知ることはできやしないよ、なぜとか、どうしてってことをさ」と、老人は言った。「鳥には翼が4枚じゃなくて2枚ついてるが、そりゃなぜかっていうと、2枚でも飛べるからさ。それと同じで、人間も、全部じゃなくて、半分か四分の一だけ知ることになってるのさ。生きるために知ってなきゃならない分だけ、知ってるのさ」

「おじいさん、あたし、歩いていく方が楽だわ。こうしてると胸がどきどきして」

「なんでもないよ。座っといで」

　老人はあくびをして、口に十字を切った。


語句（つづき）

во́зле［前］（生格を伴い）〜のそばに　крова́ть［女］ベッド　смерть［女］死　ма́ленький［男］幼児、子供　му́чаться（＝му́читься、口語・俗語）苦しむ　проща́ться［不完］許される　с［前］（対格を伴い）およそ　положи́ть（поло́жено：被動形動詞過去・短語尾中性）置く、のせる　крыло́ 翼、羽　спосо́бный（спосо́бно：短語尾中性）〜できる、〜する力がある　поло́жено［無人称述語］〜すべきである、〜することに決まっている　че́тверть［女］4 分の 1　прожи́ть［完］生き抜く、生きながらえる　трясти́сь［不完］（трясу́сь, трясёшься …）揺れる、（心臓が）どきどきする　зевну́ть［完］（1 回）あくびをする　перекрести́ть［完］十字を切る；перекрести́ть рот 口に十字を切る（あくびをした後の慣習的な動作）

71

テクスト解説

① リーパと老人たち

　道を行くリーパの近くで急に人の声がして、焚火が見えてきます。荷馬車で何かを運送中の二人連れが、休息を終えて出発するところです。深夜に見知らぬ人と遭遇するのは怖いことですが、話し声から一人は老人とわかると、リーパは立ち止まって自分から声をかけます。ここに、この女性の特徴が現われています。彼女は物語に登場したときから、子供っぽさが強調されていました。「子供のように信じやすさと好奇心のあふれた目つきをしていた」、「うら若くて、まだ小娘で、胸もほとんど目立たないくらいだった」、「ドアの傍に立って、まるで『私のことは好きになさってください。あなた方を信じていますから』と言いたそうだった」などの例でわかるように、子供らしさのなかでも、肉体の未成熟と他者への信頼が強調されています。彼女は、アニーシムとアクシーニヤの内なる邪悪さを感知したかのように、この二人に本能的に怯える一方で、大工のエリザーロフや本課で登場する老人には、これも本能的といえる信頼、親しみを見せます。相手が老人だとわかったとたんに躊躇なく声をかけるのは、彼女が子供のように人を信じる無垢な存在であるがゆえに、老人との間に親和性があることを示しているように思われます。

② リーパの悲痛な問い（罪のない子供の受苦）

　荷馬車に乗せてもらったリーパは、老人にわが子の死について語ります。赤ん坊が死んだ事情や、死に至らしめたアクシーニヤへの恨みは一切語らず、ただ、「おじいさん、どうして、小さな子が死ぬ前に苦しまなければならないの」と問いかけます。これこそ、そのとき彼女が誰かに聞きたかったことでした。子供が死んだという事実より、死を前にした子供の苦しみが、彼女に自分では解けない問いを突きつけたのです。

　罪なき者がなぜ苦しまなければならないのか、特に子供の受苦にどんな意味があるのかという問いは、人類にとって永遠の問いであると言ってもいいでしょう。ロシア文学においては、ドストエフスキーの『カラマーゾフの兄弟』第5編で、イワン・カラマーゾフが弟のアリョーシャを相手に、このテーマに関して議論を繰り広げています。ここでイワンは、敵兵や地主に惨殺されたり、親から虐待を受けたりした子供について、これでもかというほど多くの残酷な例を並べます。「たとえ苦しみによって永遠の調和を買うために、すべての人が苦しまなければならぬとしても、その場合、子供にいったい何の関係があるんだい、ぜひ教えてもらいたいね」（原卓也訳）というイワンの問いには、リーパの問いと同じ内容がこめられています。知の人であるイワンは、こちらも深い知性を持つ弟を聞き手として延々と議論を展開し、その結論として、「罪なき子供の涙の上に成り立つ永遠の調和は、全面的に拒否する」と、神への反逆の思想を口にします。それに対して『谷間』では、ニキーフォルの苦しみを見続けた末に、心の奥底からほとばしり出たリーパの悲痛な問いかけは、何らかの議論や思想と結びつくことはありません。問いを投げかけられた老人も平民なので、問いも答も民衆的なレベルに留まります。テ

ーマが同一で、どちらも作品の大きな山場となっているだけに、両作家の資質の違いが
鮮やかに浮かび上がる箇所です。

③　老人の答

　「なぜ、子供が苦しむの、子供には罪はないのに。なぜ？」というリーパの切実な問
いかけに対して、老人は「それは誰にもわからないよ」と答えます。そして30分くらい
も黙っていたあとで、「全部知ることはできないんだよ、なぜとか、どうしてってことを
さ」と付け加えます。イワン・カラマーゾフが発達した知性で「なぜ」、「何のために」
という問いを繰り返して、疑問を追求していくのとはまるで違って、どんなに「なぜ」
と考えたところで、人間にはわからないことがあると老人は言うのです。鳥の羽の例を
持ち出す表現方法も民衆的ですが、老人の考え自体に、知識人とは対照的な民衆特有の
知恵と生き方が読み取れます。人生では、幼い子供だけでなく大人にも理不尽な苦難が
襲いかかります。階級差の激しかった当時のロシアでは、下層階級である平民の方が概
して苦難が多かったことは確かでしょう（老人の一生については次の課で取り上げます）。
苦労続きだった人生で得た平民的な人生観に基づく老人の答が、リーパを納得させたか
どうかはわかりません。ただ彼女は老人に反駁はせず、辛くても馬車から降りず、老人
の話を聞き続けるだけです。

　このテクストの直前の場面で、深夜に一人で歩いていたリーパが、「あたし、病院に行
ってきたの。息子が死んじゃって。家に連れて帰るところなの」と事情を告げると、老人
は気味悪く思ったらしく、ちょっとその場を離れます。しかし、また近づいてきたとき
には、彼女を見る目には「同情と優しさ」がこもっていました（Старúк ... подошёл с
огнём к Лúпе и взглянýл на неё; и взгляд егó выражáл сострадáние и нéжность.）。
сострадáниеは辞書では「同情」とか「憐れみ」という訳語がついていますが、co-［接
頭辞］（共に）＋страдáние（苦しみ）という語の成り立ちから、文学評論等では「共苦」
と訳されることがあります。英語のcompassionと同じで、上から目線の憐れみではなく、
共に苦しむという対等の関与が感じられる語です。チェーホフのこの語の用法は多くあ
りませんが、『谷間』の直前に書かれた『小犬を連れた奥さん　Дáма с собáчкой』（1899）
に使用例が見られます。それは、夏のヤルタではじまったグーロフと人妻のアンナの恋
が、リゾート地でのひと夏の恋で終わらず、二人が冬のモスクワで会うようになるシー
ンです。「彼はこの生命に憐れみを感じた。この生命はまだこんなに暖かくて美しいけれ
ど、きっと彼の生命と同様に色褪せてしぼみはじめる日も遠くないだろう」と書かれて
います。「この生命」とはアンナを指しています。女たちと気軽につきあってきたグーロ
フが、40歳になる頃に初めて真の恋をしたことの重さが、「憐れみ」と訳した
сострадáниеという語に現れています。

　『谷間』ではリーパが老人に、「おじいさんがさっき私を見たとき、心がなごんだの」
と言います。ふたたび近寄ってきてくれた老人の視線に込められていた憐れみ（共苦）
と優しさこそ、そのときのリーパにもっとも必要なものであったのは間違いありません。

# 第18課 老人の流浪譚（母なるロシアはでっかい！）

　—Ничего́... — повтори́л он. — Твоё го́ре с полго́ря. Жизнь до́лгая — бу́дет ещё и хоро́шего, и дурно́го, всего́ бу́дет. Велика́ ма́тушка Росси́я! — сказа́л он и погляде́л в о́бе сто́роны. — Я во всей Росси́и был и всё в ней ви́дел, и ты моему́ сло́ву верь, ми́лая. Бу́дет и хоро́шее, бу́дет и дурно́е. Я ходоко́м в Сиби́рь ходи́л, и на Аму́ре был, и на Алта́е, и в Сиби́рь пересели́лся, зе́млю там паха́л, соску́чился пото́м по ма́тушке Росси́и и наза́д верну́лся в родну́ю дере́вню. Наза́д в Росси́ю пешко́м шли; и по́мню, плывём мы на паро́ме, а я худо́й-худо́й, рва́ный весь, босо́й, озя́б, сосу́ ко́рку, а прое́зжий господи́н тут како́й-то на паро́ме, — е́сли по́мер, то ца́рство ему́ небе́сное, — гляди́т на меня́ жа́лостно, слёзы теку́т. "Эх, говори́т, хлеб твой чёрный, дни твои́ чёрные..." А домо́й прие́хал, как говори́тся, ни кола́, ни двора́; ба́ба была́, да в Сиби́ри оста́лась, закопа́ли. Так, в батрака́х живу́. А что ж? Скажу́ тебе́: пото́м бы́ло и дурно́е, бы́ло и хоро́шее. Вот и помира́ть не хо́чется, ми́лая, ещё бы годо́чков два́дцать пожи́л; зна́чит, хоро́шего бы́ло бо́льше. А велика́ ма́тушка Росси́я! — сказа́л он и опя́ть посмотре́л в сто́роны и огляну́лся.

　— Де́душка, — спроси́ла Ли́па,—когда́ челове́к помрёт, то ско́лько дней его́ душа́ пото́м по земле́ хо́дит?

　— А кто ж его́ зна́ет! Вот спро́сим Ва́вилу — он в шко́лу ходи́л. Тепе́рь всему́ у́чат. Ва́вила! — позва́л стари́к.

語句

полго́ря [述語]（с полго́ря も同義）（不幸や困難が）大したことはない　дурно́й 悪い；生格を用いた«—бу́дет ещё и хоро́шего и дурно́го, всего́ бу́дет.»の場合、「たくさん」という数量的な補足の意が加わり、主格と対比的に強調すると、「リーパにはこれからいいことも悪いこともたくさんあるだろう」という意味になる　вели́кий（велика́：短語尾女性）大きい　ма́тушка お母さん　о́ба（о́бе：女性対格）ふたつの、両方の　ве́рить [不完]（верь：単数命令）（与格を伴い）～を信じる　ходо́к 歩行者；移住先の調査や各種の請願等のために村から派遣される農民　на Аму́ре アムール川のほとりで　Алта́й アルタイ（山脈・地方）（山岳地方は場所を示すとき前置詞на を用いる）　пересели́ться [完]移住する　паха́ть [不完]耕す　соску́читься [完]（по＋与格を伴い）～が恋しくなる

日本語訳

「なんでもないさ」と老人は繰り返した。「お前さんの悲しみはたいしたことはない。人生は長いよ、まだいいことも悪いこともあるだろう。どんなことだってあるさ。母なるロシアはでっかいぞ！」と彼は言って、左右に目をやった。「わしはロシア中どこにでも行って、何でも見てきた。だから、お前さん、わしの言うことを信じるがいいよ。これからまだ、いいこともあれば悪いこともある。わしは村の移住先を調べにシベリアへ行ったことがある。アムールにも行ったし、アルタイにも行った。それでシベリアに移住して、土地を耕してたんだが、後で母なるロシアが恋しくなっちまって、故郷の村へ帰ったよ。ロシアに帰るときも歩いたよ。今でも覚えてるが、わしらが渡し船に乗ってたときのことだ。わしは痩せこけて、全身ぼろを着て、はだしで、凍えきって、パンの皮をしゃぶってたのさ。すると、その筏に乗っておられたどこかの旦那が ― 亡くなられてりゃ、どうぞ天国に安らわせたまえ ―、気の毒そうにおれを見て、涙を流されてな、『ああ、お前のパンは黒いが、お前の毎日も黒いんだなあ』っておっしゃったもんだよ。家に帰りついたものの、よく言う無一物ってやつさ。女房はいたが、シベリアに残してきた。埋葬したのさ。それでこうして日雇い暮らしだ。だから、どうしたってんだ？ なあ、その後もやっぱり、悪いこともありゃ、いいこともあった。今だって死にたくはないよ、お前さん。まだ20年ばかり生きたいもんだ。てことは、いいことの方が多かったってことだな。母なるロシアはでっかいからな！」と言って、彼はまた左右を見回してから、後ろを振り返った。

「おじいさん」リーパは尋ねた。「人が死ぬと、魂はそのあと何日間この地上にいるのかしら」

「そんなこと、誰が知るもんか。そうだ、ヴァーヴィラに聞いてみよう。あいつは学校に行ってたんだ。今じゃ何でも教えるからな。おい、ヴァーヴィラ」と老人は呼びかけた。


語句（つづき）

плыть［不完］（定動詞）（плыву́, плывёшь …）（泳いで、船で）行く　паро́м 渡し船　рва́ный ぼろぼろの（服を着た）　босо́й はだしの　озя́бнуть［完］（過去：озя́б, озя́бла…）寒さに凍える　соса́ть［不完］（сосу́, сосёшь…）吸う、しゃぶる　ко́рка（硬くなったパンの）皮　прое́зжий（乗り物で）通りがかりの　господи́н（貴族、上流社会の）紳士　помира́ть［不完］/помере́ть［完］（過去：по́мер, померла́…）（俗語）死ぬ　жа́лостно［副］気の毒そうに　эх［間］ああ　как говори́тся［挿入語］よく言うように、いわゆる　ни кола́ ни двора́ まったくの素寒貧だ、無一物だ　закопа́ть［完］埋める　батра́к 作男、日雇い農夫; жить в батрака́х 日雇い農夫として生きる（第10課語句参照）　годо́чек（годの指小形、годо́чков：複数生格）年

## テクスト解説

### ① これからまだ、いいこともあれば悪いこともある

　リーパを荷馬車に乗せてくれた老人は、なおも彼女に話しかけます。彼の語りは、まるで馬車の動きに合わせるかのように、反復による独特のリズムを持っています。«Твоё го́ре с полго́ря»、«Я ходоко́м в Сибирь ходи́л»のような派生語の使用によるちょっとした音の反復、«и на Аму́ре был, и на Алта́е»のような同じ音を伴った語結合の反復、«я худо́й-худо́й»、«хлеб твой чёрный, дни твои́ чёрные»のような同語の反復、さらに「母なるロシアはでっかい！」のような文全体の反復が見られます。これらが作り出すリズムが、老人の語り口に民話的な味わいを与えています。中でも目立つのは、「人生にはよいことも悪いことも起こる」という表現の繰り返しです。(1)Жизнь до́лгая – бу́дет ещё и хоро́шего и дурно́го, всего́ бу́дет. (2)Бу́дет и хоро́шее, бу́дет и дурно́е. (3)пото́м бы́ло и дурно́е, было и хоро́шее. と3回も繰り返して、これが彼の人生観の根幹であることを示した上で、老人は、自分はまだ死にたくはなくて、あと20年くらい生きていたいのだが、そう思うのは、「つまり、いいことのほうが多かったってことだ」という結論をリーパに伝えます。彼の話は、極限の悲しみの中にいるリーパへの穏やかな慰めにはなるとしても、「なぜ、罪のない幼子（おさなご）が死ぬ前に苦しまなければならないのか」という切実な問いへの答にはなっていません。この問いに対しては、老人は「そんなこと誰にもわからないよ」と応じるのみで、この話題はこれ以上発展することなく終わります。リーパの方も老人の話の内容に反応せず、「人が死ぬと、魂はそのあと何日間この地上にいるのかしら」と尋ねているので、老人の話の間も、「死んだ子の魂は、今どこにいるのか」と考え続けていたらしいことがわかります。問題を解決するのは作家の仕事ではなく、「誰が、どのように、どんな状況で」、ある問題について語ったり考えたりしたかを描き出すことこそ作家の仕事というチェーホフの基本姿勢は、ぶれていません。

### ② 母なるロシア

　老人は「母なるロシアはでっかい！ Велика́ ма́тушка Росси́я!」という感嘆を繰り返します。ма́тушкаは、母матьに対する敬意のこもった呼び方であると同時に、大地земля́やヴォルガ川Во́лгаなどの女性名詞につけて親愛感を表す語です。日本でも知られているロシア民謡で、「母なるヴォルガを下りてВниз по ма́тушке по Во́лге」という歌があります。ма́тушкаは語感としては、「母なる」という硬い日本語より、「おかあさま」や「おっかさん」の方がふさわしい語です。少し話を広げると、「母なるロシアма́тушка Росси́я」と並んで、ソ連時代には「母なる祖国 Ро́дина-мать」という表現も広く行き渡っていました。祖国やロシアを母なる女性に擬することは、無条件の愛を捧げて危難の時には守るべき対象として捉えることにつながり、ロシア人の心性と複雑に関係しているという見方もあります。

### ③ チェーホフのシベリア体験

　リーパが偶然会った老人は、辺境のアムールやアルタイ地方に行ったことがあり、シ

ベリアに移住したこともあるという流浪の経験の持ち主でした。19世紀末には、ウラル以西のヨーロッパ・ロシアからシベリアへ移住する農民が大幅に増加しました。清国との間の愛琿条約（1858）や北京条約（1860）によって版図を広げたロシア帝国は、貧窮農民の救済とシベリアの植民を目的として、移住推進策を取りました。チェーホフはサハリンをめざしてシベリアを横断したときに、多くの移住民を見かけました。『谷間』のこの老人像や彼が語る渡し船でのエピソードには、作家の経験が生かされています。1890年4月下旬にモスクワを出発したチェーホフは、5月のシベリアでイルトゥイシ、オビ、トミなどの川を渡るのに、非常に苦労しました。冬に結氷した川から解氷後の水や雪解け水が溢れて、川辺の草原は何キロも続く湖と化し、街道は水の下に隠れていました。馬車でなんとか川岸までたどり着いても、何時間も渡し船を待ったり、向こう岸から呼び寄せたりしなければなりません。ロシア人ですから雪解け期の河川の増水には慣れているはずのチェーホフも、シベリアの氾濫水のすさまじさは身にしみたようで、「何より恐ろしくて、僕が生涯忘れないと思うのは、川を渡ることです」（1890年5月14-17日付け）と、家族への手紙に記しています。渡し船と訳したпаро́мにはフェリーボートや筏などの訳語もありますが、ここでは平底の巨大な艀を思い浮かべてください。シベリアでの渡河の経験は、小説『追放されて В ссы́лке』（1892）にも生かされています。

　渡し船の上で凍える農民を見た紳士は、「お前のパンは黒いが、お前の毎日も黒い」と言って涙します。ロシアにはライ麦粉で作る黒パンと、小麦粉で作る白パンがあります。現在では白パンと黒パンにそれほど値段の違いはなく、その時々の好みで食べ分けていますが、古い時代には、寒冷な気候や痩せた土地でも育つライ麦を原料とする黒パンが農民の常食で、白パンは貴族や裕福な人の食べ物とされ、民衆の暮らしでは祭日くらいしか縁のないものでした。ツィブーキン家に嫁いだリーパが、お茶うけに白パンを食べる贅沢に驚いたのは、そのためです。この作品には実に様々な食品が登場しますが、痩せこけた農民が渡し船の上で寒さに震えながらしゃぶっている、固くなった黒パンの皮が、作品中でもっとも貧しい食品ということになるでしょう。

森の中の渡船場

# 第19課　3年後のツィブーキン家（アクシーニヤの権力掌握）

В настоя́щее вре́мя кры́ша на ла́вке и дверь вы́крашены и блестя́т как но́вые, на о́кнах по-пре́жнему цвете́т весёленькая гера́нь, и то, что происходи́ло три го́да наза́д в до́ме и во дворе́ Цыбу́кина, уже́ почти́ забы́то.

Хозя́ином счита́ется, как и тогда́, стари́к Григо́рий Петро́вич, на са́мом же де́ле всё перешло́ в ру́ки Акси́ньи; она́ и продаёт, и покупа́ет, и без её согла́сия ничего́ нельзя́ сде́лать. Кирпи́чный заво́д рабо́тает хорошо́; оттого́, что тре́буют кирпи́ч на желе́зную доро́гу, цена́ его́ дошла́ до двадцати́ четырёх рубле́й за ты́сячу; ба́бы и де́вки во́зят на ста́нцию кирпи́ч и нагружа́ют ваго́ны и получа́ют за э́то по четвертаку́ в день.

Акси́нья вошла́ в до́лю с Хры́миными, и их фа́брика тепе́рь называ́ется так: "Хры́мины Мла́дшие и Кᵒ". Откры́ли о́коло ста́нции тракти́р, и уже́ игра́ют на дорого́й гармо́нике не на фа́брике, а в э́том тракти́ре, и сюда́ ча́сто хо́дит нача́льник почто́вого отделе́ния, кото́рый то́же завёл каку́ю-то торго́влю, и нача́льник ста́нции то́же. Глухо́му Степа́ну Хры́мины Мла́дшие подари́ли золоты́е часы́, и он то и де́ло вынима́ет их из карма́на и подно́сит к у́ху.

В селе́ говоря́т про Акси́нью, что она́ забрала́ большу́ю си́лу; и пра́вда, когда́ она́ у́тром е́дет к себе́ на заво́д, с наи́вной улы́бкой, краси́вая, счастли́вая, и когда́ пото́м распоряжа́ется на заво́де, то чу́вствуется в ней больша́я си́ла. Её все боя́тся и до́ма, и в селе́, и на заво́де. Когда́ она́ прихо́дит на по́чту, то нача́льник почто́вого отделе́ния вска́кивает и говори́т ей:

— Поко́рнейше прошу́ сади́ться, Ксе́ния Абра́мовна!

語句

настоя́щий 現在の　вы́красить[完]（вы́крашены：被動形動詞過去・短語尾複数）塗装する　весёленький（весёлый の指小形）（色彩などについて）明るい、目を楽しませる　цвести́[不完]（цвету́, цветёшь...）花が咲く　гера́нь[女]ゼラニウム　перейти́[完]（過去：перешёл, перешла́...）（所有権や管轄権などが）移る　рабо́тать[不完]働く、稼働・操業する　тре́бовать[不完]（тре́бую, тре́буешь...）必要とする　на[前]（対格を伴い、目的・用途を表す）～のための　дойти́[完]（過去：дошёл, дошла́...、до＋生格を伴い）～に達する　де́вка(旧)（未婚の）百姓娘（既婚の農婦は ба́ба）　нагружа́ть[不完]（対格を伴い）～に荷を積む　четверта́к 4分の1ルーブル、25コペイカ　до́ля 分け前、割り当て；войти́ в до́лю：(с＋造格を伴い)（事業などで）～と提携する

日本語訳

　今では店の屋根と扉は塗り替えられて新品のように輝き、窓辺には以前と同様にゼラニウムが華やかに咲き、3年前にこの家の中と庭で起こったことは、もうほとんど忘れられている。

　あの頃と同様にグリゴーリー・ペトローヴィチ老人が一家の主ということになっているが、実際には何もかもアクシーニヤの手に移っていた。売るのも買うのもやるのは彼女で、彼女の承諾がなければ何ひとつできなかった。煉瓦工場はうまく行っている。煉瓦は鉄道用に必要なので、値段が千個で24ルーブリまで上がった。百姓の女房や娘たちは駅に煉瓦を運んで貨車に積み込み、その仕事で日当25コペイカ稼いでいる。

　アクシーニヤはフルィーミン家と提携して、今では彼らの工場は、「フルィーミン兄弟とその仲間商会」という名になっている。彼らは駅の近くに居酒屋を開き、今や高価なアコーディオンは、工場ではなくて、この居酒屋で演奏されている。自分も何かの商売をはじめた郵便局長が、この店に足繁く通い、駅長もよく来る。耳の悪いステパーンはフルィーミン兄弟から金時計を贈られ、しょっちゅうそれをポケットから引っ張り出しては耳に近づけている。

　村ではアクシーニヤについて、大変な権力を握ったもんだと噂していた。確かに、あどけない微笑を浮かべた、美しくて幸福そうな彼女が、朝、自分の工場へ馬車で行くときや、そのあと工場で指図をしているときは、大きな権力が感じられる。家でも村でも工場でも、みんな彼女を怖れている。彼女が郵便局にやって来ると局長はぱっと立ち上がって、「どうぞ、お座りください、クセーニヤ・アブラーモヴナ！」と話しかける。


語句（つづき）

Кⁿ=компа́ния: и Кⁿは英語のand Co.(& Co.)と同じで、会社名に名前の出ない共同経営者などを指す。慣習的に「商会」と訳されるが、アクシーニヤが経営に加わったので工場名に и Кⁿがついたことを示すため、ここでは「〜と仲間」と直訳した　называ́ться[不完]〜と呼ばれる、〜という名である　тракти́р 居酒屋　гармо́ника アコーディオン　завести́[完]（過去：завёл, завела́ ...）始める　то и де́ло しょっちゅう　вынима́ть[不完]取り出す、引き出す　подноси́ть[不完]（手で持って）近づける　ух 耳　забра́ть[完]掴み取る、奪い取る　распоряжа́ться[不完]指図する　вска́кивать[不完]すばやく立ち上がる　поко́рнейше[副]поко́рно(謹んで)のさらに恭しい表現；поко́рнейше прошу́ 衷心からお願いいたします

## テクスト解説

### ① アクシーニヤの権力掌握

　リーパが病院から帰ってきた翌日、ニキーフォルの葬式が行われ、その後、聖職者や客たちにご馳走がふるまわれました。このときアクシーニヤはすべて新調した服を着て、顔には白粉（おしろい）をつけています。彼女にとっては、むごい死に方をした赤ん坊の葬式も、アニーシムの結婚式と同様に、おしゃれした自分を村人たちに見せるチャンスでした。現代の法感覚からは想像できないことですが、赤ん坊に熱湯をかけて死に至らしめた行為に対して、アクシーニヤは罪を問われていません。ツィブーキン家は家庭内のことなので表沙汰にせず、警察も立ち入ろうとはしなかったのでしょう。地方自治会病院の医者にとって、こんなケースは珍しくなかったというチェーホフの言葉が思い出されます（第15課テクスト解説②参照）。多産多死の時代、赤ん坊の事故死は珍しくなく、その中には悲惨な事情が潜んでいることもあったのでしょう。さらに驚いたことに、当人のアクシーニヤには罪の意識がまったくありません。それどころか彼女は、客が帰ってから大声で泣きだしたリーパをどなりつけ、「今晩は泊めてやるが、明日にはこの家を出て行け」と命じます。リーパは子供の死によってツィブーキン家で居場所を失い、母親の元へ戻ります。アクシーニヤは、ブチョーキノの相続人ニキーフォルと彼の母親を自らの手で排除し、グリゴーリーの衰えにつけこんで、大きな力を手に入れたのです。彼女は商売を取り仕切り、フルィーミン兄弟と提携して建てた煉瓦工場もうまく経営しています。実業家として認められ、「クセーニヤ・アブラーモヴナ」と、敬意をこめて名前と父称で呼ばれるようになったのです。（Абра́мовнаという父称から、アクシーニヤをユダヤ人と推察する読者がいますが、Абра́мという男性名は、20世紀半ばまでユダヤ人特有の名前ではなく、ロシア人にも見られました。また女性名のクセーニヤもユダヤ系の名前ではありません。）

　この間にグリゴーリーの心身に大きな変化が起こり、商売には口を出さず、ろくに食事もせずに村を徘徊するような状態になっています。村人たちの中には、アクシーニヤが舅を追い出して飯も食わさないと噂する者もいますが、エリザーロフ老人は、「あの女はあれでいいんだ、働き者だよ。あの家はあれでなきゃ、つまり罪がないと駄目なのさ」と言います。アクシーニヤを批判する意見も、彼女のやり方を認める意見も、どちらも登場人物の声であり、地の文で語り手が意見を述べているわけではありません。作家は最後まで、登場人物に対して裁判官にはなりませんでした。

### ② ワルワーラとアニーシムのその後

　ワルワーラとアニーシムのその後を紹介しておきましょう。ワルワーラはますます太って色白になり、あいかわらず巡礼や乞食に慈善を施し、ジャムも食べきれないほど作り続けています。アニーシムやニキーフォルの事件は彼女に何も影響を及ぼさず、アクシーニヤとの関係は良好です。夫が食事しないで寝てしまうことにも慣れっこになっています。アニーシムのことは、皆が忘れかけています。一度手紙が届きましたが、なんと詩の形式で達筆で書かれていたので、どうやら仲間のサモロードフも一緒にシベリアに送られたようです。アニーシム自身のあの下手な字で、「俺はここでは病気ばっかりだ、

80

辛い、どうか助けてください」と、哀れを誘う1行が付け加えられていますが、それを気にする人は誰もいません。彼が無事に刑期を終える可能性は、限りなく小さいと思われます。

　アクシーニヤのあどけない笑顔、アニーシムからの手紙、ワルワーラが年月と共に太って色白になることや、彼女のジャム作りといったディテールが何度も反復され、その人物の本質がいやが上にも明らかになっています。

### ③　村への資本主義の浸透

　『谷間』は、村々にまで資本主義が浸透して、ロシアの農村社会が質的に変貌した1890年代を描いています。衣服ひとつとっても、自家で亜麻を育てて、女たちが糸を紡いで布を織り、服を仕立てていた伝統的な生活から、木綿の布を買う時代に移っており、村でも現金がなければ生活できなくなりました。アニーシムの硬貨偽造はもちろんのこと、アクシーニヤの煉瓦工場建設の夢に端を発した赤ん坊殺しも、金銭や財産と直接的に関係する事件でした。この作品ではグリゴーリー自慢の青毛の馬が300ルーブル、アニーシムの婚礼にかかった費用が2000ルーブルというふうに、ものの値段が具体的に提示されているので、色々な比較ができます。本課では、アクシーニヤの工場で生産される煉瓦が千個あたり24ルーブルまで値上がりしたと書かれています。以前にはリーパが、「煉瓦は今じゃ千個で20ルーブルもする」と言っていました。約4年の間に煉瓦の需要は増大して、価格も2割上がったので、煉瓦工場の経営は順調です。工場は経営者を潤しているだけでなく、百姓の女房や娘たちが、煉瓦の運送と積み込みの仕事で日当25コペイカを稼いでいます。収穫期の刈り取り作業の日当1ルーブル40コペイカと比べると、5分の1以下の安い日当ですが、季節労働ではなく1年中やれる仕事で、女性でもできるのですから、村人たちには非常にありがたい収入源であるはずです。『谷間』の2年半前に発表された『百姓たち』(1897)には、主人公であるチキリデーエフ家の人々が、工場から委託されて絹糸を巻く内職をする場面がありますが、その仕事は秋の夜長に一家総出でやっても、1週間に20コペイカしか稼げませんでした。この家が抱えている国税・地方税の滞納額は119ルーブルにもなっていますが、どんなに働いても払える額でないことは明らかです。両作品とも現実が反映されていると考えられるので、比較すると、『谷間』で描かれた煉瓦の搬送・積み込みの仕事のありがたさは歴然としています。

　作品では工業化や資本主義化がウクレーエヴォ村にもたらした変化として、まず環境汚染が言及されていました。廃棄物や薬品の悪臭、川や草地の汚染、それらが引き起こした家畜の疫病や人間の熱病などの問題です。また、村の資本家たちがあらゆる手を使って儲けを追求するのも、資本主義のマイナスの影響として描かれています。それ以外に、本来の農民としてのあり方を忘れて、工場が一時閉鎖されるとすぐに物乞いをして歩く労働者の姿にも、資本主義的な変化のマイナス面が現れています。しかし、アクシーニヤの煉瓦工場には、ウクレーエヴォ村近辺の女たちに雇用を創出するという大きなプラス面もありました。チェーホフの筆は、資本主義が村に浸透したことによる変化の諸相を描き出しました。

81

## 第20課　リーパとグリゴーリーの邂逅（物語最後のシーン）

Село́ уже́ тону́ло в вече́рних су́мерках, и со́лнце блесте́ло то́лько вверху́ на доро́ге, кото́рая змеёй бежа́ла по ска́ту сни́зу вверх. Возвраща́лись стару́хи из ле́са и с ни́ми ребя́та; несли́ корзи́ны с волну́шками и груздя́ми. Шли ба́бы и де́вки толпо́й со ста́нции, где они́ нагружа́ли ваго́ны кирпичо́м, и носы́ и щёки под глаза́ми у них бы́ли покры́ты кра́сной кирпи́чной пы́лью. Они́ пе́ли. Впереди́ всех шла Ли́па и пе́ла то́нким го́лосом, и залива́лась, гля́дя вверх на не́бо, то́чно торжеству́я и восхища́ясь, что день, слава́ бо́гу, ко́нчился и мо́жно отдохну́ть. В толпе́ была́ её мать, подёнщица Праско́вья, кото́рая шла с узелко́м в руке́ и, как всегда́, тяжело́ дыша́ла.

— Здра́вствуй, Мака́рыч! — сказа́ла Ли́па, уви́дев Косты́ля.
— Здра́вствуй, голу́бчик!

— Здра́вствуй, Ли́пынька! — обра́довался Косты́ль. — Ба́бочки, де́вочки, полюби́те бога́того пло́тника! Хо-хо! Де́точки мои́, де́точки (Косты́ль всхли́пнул). Топо́рики мои́ любе́зные.

Косты́ль и Я́ков прошли́ да́льше, и бы́ло слы́шно, как они́ разгова́ривали. Вот по́сле них встре́тился толпе́ стари́к Цыбу́кин, и ста́ло вдруг ти́хо-ти́хо. Ли́па и Праско́вья немно́жко отста́ли, и, когда́ стари́к поравня́лся с ни́ми, Ли́па поклони́лась ни́зко и сказа́ла:

— Здра́вствуйте, Григо́рий Петро́вич!

И мать то́же поклони́лась. Стари́к останови́лся и, ничего́ не говоря́, смотре́л на обе́их; гу́бы у него́ дрожа́ли и глаза́ бы́ли полны́ слёз. Ли́па доста́ла из узелка́ у ма́тери кусо́к пирога́ с ка́шей и подала́ ему́. Он взял и стал есть.

Со́лнце уже́ совсе́м зашло́; блеск его́ пога́с и вверху́ на доро́ге. Станови́лось темно́ и прохла́дно. Ли́па и Праско́вья пошли́ да́льше и до́лго пото́м крести́лись.

語句

тону́ть［不完］沈む　су́мерки［複］(су́мерках:前置格)夕暮れ、たそがれ　бежа́ть［不完］(定動詞)走る;(道がある方向に)延びる　скат 斜面、坂　ребёнок(ребя́та:複数主格)子供　корзи́на 籠、バスケット　волну́шка カラハツタケ　груздь［男］チチタケ(カラハツタケと同様に白樺林などに生える食用キノコ)　толпа́ 群集;толпо́й(造格)一団となって　нагружа́ть［不完］(対格と造格を伴い)〜に(対格)〜を(造格)積み込む　покры́ть［完］(покры́ты:被動形動詞過去・短語尾複数)覆う　пыль［女］ほこり、粉塵　впереди́［前］(生格を伴い)〜の前に　залива́ться［不完］(音調を変えながら)音を出す　торжествова́ть［不完］(торжеству́я:副動詞)(旧)祝う　восхища́ться［不完］(восхища́ясь:副動詞)感嘆する

日本語訳

　村はもう夕闇に沈み、太陽は、谷の斜面の下から上へ蛇のように延びた道路の上方だけで光っていた。老婆たちが子供たちと一緒に森から帰ってくるところだった。カラハツタケやチチタケの入ったバスケットを持っている。百姓の女房や娘たちが、駅の方から一団になって歩いてきた。駅で貨車に煉瓦を積み込んできたので、鼻にも目の下にも赤い煉瓦の粉がついていた。女たちは歌っていた。先頭に立っているのはリーパで、高い空を眺め、音調を変えながら高い声で歌っていた。まるで、この一日が無事に終わって休息できることが、楽しくてうれしくてたまらないかのように。彼女の母親、日雇いのプラスコーヴィヤも一行の中にいて、手に小さな包みを提げ、いつものようにぜいぜいと息をしていた。

「こんにちは、マカールイチ！」リーパは「松葉杖」を見ると、声をかけた。「こんにちは、おじさん！」

「こんにちは、リープィニカ！」と、「松葉杖」は嬉しそうに言った。「おかみさんたちに娘さんたち！　この金持ちの大工をかわいがっておくれよ、ハ、ハ！　子供たちや、わしの子供たち」松葉杖はすすり泣くように言った。「かわいい手斧たちや！」

　「松葉杖」とヤーコフは先へ進み、彼らが話をする声が聞こえていた。女たちはその後にツィブーキン老人と会って、急にひっそりと静まり返った。リーパとプラスコーヴィヤは少し遅れ、老人が二人の所までくると、リーパは深くお辞儀をして言った。

「こんにちは、グリゴーリー・ペトローヴィチ」

　母親もお辞儀をした。老人は立ち止まって、何も言わずに二人を見た。彼の唇は震え、目は涙で一杯になった。リーパは母親の包みの中から一切れのカーシャ入りパイを取り出して、老人にあげた。彼はそれを受け取ると、食べはじめた。

　太陽はすっかり沈み、道の上方の光も消えた。暗くなり、冷え冷えとしてきた。リーパとプラスコーヴィヤは先へ進み、長いこと十字を切っていた。


語句（つづき）

сла́ва бо́гу ありがたいことに、おかげで　отдохну́ть[完]休息する　Мака́рыч（Мака́р の父称 Мака́рович の簡略な形）　голу́бчик ねえおまえ（親しい人や愛する人への呼びかけ）　ба́бочка（ба́ба の愛称形）おばさん　всхли́пнуть[完]むせび泣く　топо́рик（топо́р の指小形）斧　слы́шно[無人称述語]（как に導かれた従属文を受けて）聞こえる　отста́ть[完]遅れる　поравня́ться[完]（с＋造格）～の横に並ぶ　поклони́ться[完]お辞儀する　доста́ть[完]取り出す　пиро́г（пирога́：生格）ピローグ（ロシア風パイ）　зайти́[完]（過去：зашёл, зашла́ ...）（太陽・月が）沈む　пога́снуть[完]（過去：пога́с, пога́сла ...）（光・明かりが）消える　прохла́дный（прохла́дно：短語尾中性）涼しい、冷涼な　крести́ться[不完]十字を切る

83

テクスト解説

① ふたたび歌うリーパ

　晴れた秋の日の夕方、教会の門の脇に置かれたベンチで、大工のエリザーロフと学校の守衛ヤーコフが話しこんでいます。話題は、彼らと同じベンチに座っているツィブーキン家のグリゴーリーのことです。アニーシムとニキーフォルの事件のあと、精神的ダメージを受けたグリゴーリーは、もう商売には携わらず、夏も冬も毛皮外套を着て、村をぶらついたり一日じゅうベンチに座ったりしています。彼に同情してアクシーニヤの悪口を言い募るヤーコフに対して、エリザーロフは話に乗ろうとはしません。ふたりが家へ帰ろうと立ち上がると、グリゴーリーものろのろとついてきます。谷間にあるウクレーエヴォ村はすでに薄闇に沈み、村へ下りる坂道の上方だけに光が残っている―そんな美しい光景の中で、作品最後のシーンが展開されます。

　駅の方から、一日の仕事を終えた女たちが、歌いながら帰ってきます。先頭にいるのがリーパで、空を見上げて歌っています。アクシーニヤの工場で生産された煉瓦を運んで日当をもらい、「一日が無事に終わって休めることが、楽しくてうれしくてたまらない」かのように歌っているリーパは、アクシーニヤを恨んだり不運を嘆いたりせず、労働後の充実感を素直に発散しています。かつてリーパは、叔父が働いている工場が操業を停止したとき、困窮した叔父が物乞いをして歩くのが恥ずかしいと、エリザーロフに語ったことがあります。「畑を耕すとか、薪を挽くとかすればいいのに。恥さらしだわ！」と、彼女は叔父に言ったというのです。これは、何事につけても従順な彼女が口にした、唯一の強い意見と言えるかも知れません。また、赤ん坊のニキーフォルをあやしながら、「大きくなって、一緒に日雇いに行こうね」と語りかけていたこともあります。毎日精いっぱい働くこと、そしてその労働で日々の糧を得ることが、リーパにとって唯一認められる幸福であり、それ以上のことを人生から求めようとはしません。その意味でこの女性は、人生から得られるものをすべて貪欲に引き出そうとするアクシーニヤの対極にあります。

　本課のテクストには、ひばりという言葉は出てきません。しかし、空を見上げて歌うリーパの姿には、「銀の鈴を振るような声」で歌って、ひばりにたとえられたイメージが明らかに反復されています。わが子の死を乗り越えて、リーパはふたたび歌いはじめています。

② きのこを持ち帰る老婆と子供たち、きのこを食べる司祭

　テクストには、きのこを入れた籠をさげた老婆たちと子供たちが登場します。森の民であるロシア人は、秋には森できのこ狩りを楽しみ、集めたきのこは干しきのこや塩漬けにして保存し、長く楽しみます。おばあさんと孫たちがきのこを家に持ち帰るのは、庶民的な幸福を象徴する牧歌的な光景です。実はそれと対照的な、目を背けたくなるようなきのこも作品には顔を出しています。ニキーフォルが死んだ後、葬式に来た人々に

84

食事がふるまわれました。客たちはみな、ツィブーキン家のご馳走をがつがつと食べます。葬式を執り行った司祭は、給仕をするリーパに向かって、きのこを突き刺したフォークを高く上げて、「赤ん坊のことを嘆くんじゃない。ああいう子らは天国へ行くんだから」と言います。リーパが病院からの帰りに会った老人の言葉と違って、司祭の言葉には同情、共苦は微塵（みじん）も感じられません。きのこはぬるぬるしてつかみにくいので、司祭はフォークで突き刺したのですが、そうしたリアルな描写によって、彼の無神経ぶりが強調されています。聖職者も含む村人たちにとって、葬式後のもてなしは、結婚披露宴と同様に、日常を超えたご馳走を味わう機会に過ぎませんでした。アクシーニヤにとって、どちらもおしゃれを披露する絶好の機会だったように。

③　リーパがグリゴーリーに与えたもの

　リーパはグリゴーリーに会うと、前と変わらず名前と父称で丁寧に呼びかけ、カーシャ入りのピローグの一切れを与えます。第10課にも出てきましたが、カーシャとは穀物の粒か碾き割りを煮たもので、作り方は日本のお粥と同じなので、粥と訳されることもあります（水や牛乳で煮て、塩とバター、ときには砂糖で味付けするので、食感や味はお粥とはかなり異なります）。燕麦や小麦の碾き割りのカーシャ、脱穀したソバの実のカーシャなどが特にポピュラーで、今でもロシアでは、朝食や付けあわせとして食べます。古くからロシアの食卓に欠かせない重要な料理で、「シチーとカーシャが我らの食べ物 Щи да ка́ша – пи́ща на́ша.」という言い回しがあるほどです（シチーは発酵させた塩漬けキャベツや生キャベツで作るスープ）。ピローグはロシア風の大きなパイで、肉や魚、キャベツやキノコ、果物の砂糖煮など様々な具を入れて焼きます。いかにも素朴なカーシャ入りのピローグは、きっとリーパと母親の昼食の残りでしょう。貧乏暮らしをしてきた母親は、祭日にリーパと一緒に教会詣でをして、市（いち）で梨のクワスを飲んだだけで、人並みになった幸福で顔を輝かせていました。麦芽汁や黒パンから作る発酵飲料のクワスも、カーシャやピローグと同様にロシア古来の食品で、現在でも好まれています。梨の果汁で香りをつけたクワスを幸福の指標とする点に、プラスコーヴィヤの素朴な人生観が現われていました。ツィブーキン家の暮らしが、一日に6度のお茶と4回の食事、ジャムにお茶、白パン、牛肉などの贅沢で満ちているのと対照的に、リーパとその母は、クワスやカーシャ入りのピローグなど、伝統的で質素な食べ物と結び付けられています。

　ツィブーキン家の人々はグリゴーリーが食事を忘れることに慣れてしまい、妻のワルワーラさえ、それを気にしなくなっています。守衛のヤーコフによると3日も食事をしていないというグリゴーリーに、リーパは一切れのピローグを与えます。彼女と遭遇して無言で涙を流していたグリゴーリーは、それを受け取って食べはじめます。商人の家の法事で出された贅沢なキャビアを寺男がむさぼり食うエピソードではじまった作品は、カーシャ入りのピローグという素朴きわまる食べ物で幕を閉じます。

85

# おわりに ―チェーホフをめぐる旅―

　本書の最後に、ロシア各地のチェーホフ記念館を紹介しましょう。主な記念館はタガンローグ、モスクワ、メリホヴォ、ヤルタ、そして作家が1890年に訪れたサハリンの州都ユジノサハリンスクとアレクサンドロフスク・サハリンスキーの6か所にあります。

　モスクワでは、作家が1886年秋からサハリンに出発する90年春まで家族と住んだ、サドーヴォエ環状道路に面した建物が記念館になっています。サハリンから帰って1892年に購入したモスクワ近郊の領地メリホヴォには、復元された母屋の近くに、チェーホフが『かもめ』を執筆した離れが保存されています。私がモスクワやメリホヴォの記念館を初めて訪れたのは、旧ソ連時代のことでした。サハリンは、ソ連崩壊後に北海道からの航空便やフェリー便ができてから訪れました。チェーホフはモスクワから汽車、汽船、馬車を利用して、3か月かけて北サハリンの西海岸にあるアレクサンドロフスクにたどり着きました。この町に行くには、現在でもユジノサハリンスクから列車とバスを乗り継いで、まる1日かかります。私は日本からもはるかに遠いこの町の土を踏んだことで、チェーホフがより身近になったと感じました。

## ヤルタの「白い別荘」

　2011年夏にヤルタを訪れました（当時、クリミア半島はまだウクライナの領土でした）。チェーホフは黒海に面したこの町で、1899年夏から人生最後の5年間を過ごしました。屋敷付きの地所を購入したメリホヴォと異なり、ヤルタでは土地を買って、家は建てることにしました。家の建築という初めての経験を、チェーホフは設計の段階からずいぶん楽しんだようです。3階建ての瀟洒な家は、壁が真っ白なので「白い別荘 Бе́лая да́ча」と呼ばれています。門の近くにそびえるように立っていた柳の木に、私は大きな感銘を受けました。病のために温暖な地で暮らすことを強いられたチェーホフは、北方の自然を懐かしんで、庭に白樺や柳などの落葉樹を植えました。白樺は枯れてしまいましたが、柳は無事に育って立派な大木になったのです。枝垂れ柳を見上げたとき、チェーホフの生の息吹が直接伝わってくる気がしました。

ヤルタの「白い別荘」の柳

## タガンローグの「小さな家」

　タガンローグは、ロシアの南西部にあるアゾフ海に臨む港町です。私はモスクワから飛行機でロストフ・ナ・ドヌーへ行き、そこから80kmほど車で移動しました。時は5月、町は南方らしい陽光を浴びて穏やかに広がっていました。ここにはチェーホフの生まれた家、父親が経営していた店 (p.13 写真参照)、そして通っていた中学の建物が保存されています。

　父パーヴェルが商人から借りていた小さな離れで、アントンは生まれました。白い壁に緑の屋根、おもちゃのように愛らしい家ですが、建坪はわずか30.5㎡。正式名称は「<チェーホフの小さな家>記念館 Музе́й «До́мик Че́хова»」といいますが、文字通り小さな家に、両親と幼い3人の兄弟、それに乳母まで住んでいたのです。大貴族だったトルストイやトゥルゲーネフの地主屋敷とは比べるべくもない、こんなに小さな家でチェーホフの生涯は始まったのだと、あらためて思いました。

タガンローグの「小さな家」

　私がタガンローグを訪れたのは2013年のことで、最初にモスクワの記念館に行ったときから、30年以上経っていました。途中、チェーホフと親交の深かった亡命作家ブーニンの足跡を尋ねてフランスのニースに行ったとき、チェーホフゆかりのホテル「ロシア館 Pension Russe」を見つけました。チェーホフは温暖な土地での避寒を勧められ、1897年秋から翌年春まで半年以上もこのホテルに逗留しました。ここを目指して行ったわけではなく、ニースの駅裏で偶然にプレートを見つけたので、チェーホフに呼ばれたような気がして、非常にうれしかった記憶があります。

　チェーホフをめぐる旅は、私にとってこの作家についてより深く考えるきっかけになりました。皆さんが本書をきっかけにチェーホフをさらに読んでくださることを、心から願っています。

ニースの「ロシア館」、チェーホフ滞在を記したプレート

# 主な参考文献と翻訳

原卓也編『チェーホフ研究』、中央公論社、1960 年

池田健太郎編『チェーホフの思い出』、中央公論社、1969 年

池田健太郎『チェーホフの生活』、中央公論社、1971 年

池田健太郎『チェーホフの仕事部屋』、新潮選書、1980 年

アンリ・トロワイヤ(村上香住子訳)『チェーホフ伝』、中公文庫、1992 年

ペーター・ウルバン編(谷川道子訳、エッセイ池内紀)『チェーホフの風景』、文藝春秋、
　　1995 年

イワン・ブーニン(尾家順子訳)「チェーホフのこと」、『ブーニン作品集』5、2003 年、群
　　像社、185−295 頁

浦雅春『チェーホフ』、岩波新書、2004 年

ウラジーミル・ナボコフ(小笠原豊樹訳)『ナボコフのロシア文学講義』下、2013 年、
　　河出文庫

井桁貞義・井上健編『チェーホフの短編小説はいかに読まれてきたか』、世界思想社、
　　2013 年

Bruford W.H. *Chekhov and his Russia : a sociological study*. London. Kegan Paul. 1947.

*Чудаков А.П.* Поэтика Чехова. М., 1971.

*Родионова В.М.* О повести «В овраге» // Чеховиана, Мельховские труды и дни. М.,
　　1995. С.71-76.

А.П.Чехов: Pro et contra. СПб., Изд. Русского Христианского гуманитарного института.
　　2002.

А.П.Чехов: Энциклопедия (*Составитель и научный редактор: Катаев В.Б.*). М., Изд.
　　«Просвещение». 2011.

《『谷間』日本語訳 》

中村白葉訳『谷間』、新潮文庫、1954 年

池田健太郎訳『谷間』、「チェーホフ全集 11」、中央公論社、1968 年

木村彰一訳『谷間』、筑摩世界文学大系 51「チェーホフ」、筑摩書房、1971 年

阿部軍治訳注『谷間』、大学書林、1982 年

松下裕訳『谷間』、「チェーホフ全集 8」、ちくま文庫、1993 年

中村喜和訳『谷間で』、未知谷、2009 年

《映画》

ドミトリイ・ドリーニン監督『金の指輪、真っ赤なバラの花束』、ロシア、1994 年
　　(*Режиссер:Долинин Д.* Колечко золотое, букет из алых роз. Ленфильм. 1994)
　　＊『谷間』を下敷きにしているが、プロットは改変している。

なお、テクストは、*Чехов А.П.*, Полное собрание сочинений и писем в тридцати томах,
　　Том 10. М., Изд. «Наука». 1977.を使用しました。

## 著者紹介

### 望 月 恒 子（もちづき・つねこ）

1953年鹿児島県生まれ。1976年東京大学文学部卒業。1983年東京大学大学院人文科学研究科博士課程単位取得退学。現在、北海道大学大学院文学研究科教授。専攻は19世紀 — 20世紀ロシア文学、第一次亡命ロシア文学。

主要論文等：「亡命自伝文学における記憶の表現」（スラヴ学論叢5号、2001年）、「日本におけるブーニンの翻訳について」（ロシア語ロシア文学研究36号、2004年）、「リュドミラ・ウリツカヤの作品世界」（スラヴ研究53号、2006年）、「一日目　チェーホフと旅へ」//北村清彦編著『北方を旅する　人文学でめぐる九日間』（北海道大学出版会、2010年）。

解題：『ブーニン作品集』第3巻・第5巻（群像社、2003年）、『ブーニン作品集』第1巻（群像社、2014年）。

## 朗読者紹介

### Наталья Викторовна Иванова
（ナターリヤ・ヴィークトロヴナ・イワノーワ）

ベラルーシ生まれ、ベラルーシ国立文化大学演劇科を卒業。同大学とベラルーシ教育大学で演劇・朗読を指導。ペテルブルグ演劇アカデミー研究員をへて、1998年来日。

ロシア語劇団〈コンツェルト〉芸術監督。早稲田大学、東京外国語大学でロシア語とロシア演劇を教える。

チェーホフの『谷間』を読む
　　—『名作に学ぶロシア語』読本シリーズ —　　CD つき
　　　　　　　　　　　定価は裏表紙に表示してあります

2016 年 4 月 15 日 初版第 1 刷発行

著　者　　望 月 恒 子

発行者　　紙 谷 直 機

発行所　　株式会社ナウカ出版

　　　　　〒354-0024 埼玉県富士見市鶴瀬東 2-18-32, 2-108

　　　　　Tel /Fax 049-293-5565

　　　　　URL: http://www.naukapub.jp

　　　　　Email: kniga@naukapub.jp

印刷所　　七月堂

© 2016 Tsuneko Mochizuki　　Printed in Japan

ISBN978-4-904059-11-1　C3887